Christian Riekes

Der Wettbewerbsmarkt im europäischen Postsektor

Die Liberalisierung des deutschen Postmarktes im Kontext der Einführung von Mindestlöhnen

Diplomica Verlag GmbH

Riekes, Christian: Der Wettbewerbsmarkt im europäischen Postsektor: Die Liberalisierung des deutschen Postmarktes im Kontext der Einführung von Mindestlöhnen, Hamburg, Diplomica Verlag GmbH 2013

Buch-ISBN: 978-3-8428-5409-3
PDF-eBook-ISBN: 978-3-8428-0409-8
Druck/Herstellung: Diplomica® Verlag GmbH, Hamburg, 2013

Bibliografische Information der Deutschen Nationalbibliothek:
Die Deutsche Nationalbibliothek verzeichnet diese Publikation in der Deutschen Nationalbibliografie; detaillierte bibliografische Daten sind im Internet über http://dnb.d-nb.de abrufbar.

Das Werk einschließlich aller seiner Teile ist urheberrechtlich geschützt. Jede Verwertung außerhalb der Grenzen des Urheberrechtsgesetzes ist ohne Zustimmung des Verlages unzulässig und strafbar. Dies gilt insbesondere für Vervielfältigungen, Übersetzungen, Mikroverfilmungen und die Einspeicherung und Bearbeitung in elektronischen Systemen.

Die Wiedergabe von Gebrauchsnamen, Handelsnamen, Warenbezeichnungen usw. in diesem Werk berechtigt auch ohne besondere Kennzeichnung nicht zu der Annahme, dass solche Namen im Sinne der Warenzeichen- und Markenschutz-Gesetzgebung als frei zu betrachten wären und daher von jedermann benutzt werden dürften.

Die Informationen in diesem Werk wurden mit Sorgfalt erarbeitet. Dennoch können Fehler nicht vollständig ausgeschlossen werden und die Diplomica Verlag GmbH, die Autoren oder Übersetzer übernehmen keine juristische Verantwortung oder irgendeine Haftung für evtl. verbliebene fehlerhafte Angaben und deren Folgen.

Alle Rechte vorbehalten

© Diplomica Verlag GmbH
Hermannstal 119k, 22119 Hamburg
http://www.diplomica-verlag.de, Hamburg 2013
Printed in Germany

Inhaltsverzeichnis

Abbildungsverzeichnis III

Tabellenverzeichnis IV

Abkürzungsverzeichnis V

1 **Einleitung** 1
    1.1   Problemstellung und Zielsetzung 1
    1.2   Vorgehensweise und Aufbau der Arbeit 3

2 **Theoretische Grundlagen** 4
    2.1   Monopol vs. Wettbewerbsmarkt 4
    2.2   Die Preisbildung auf dem Arbeitsmarkt 8
    2.3   Administrative Eingriffe in Wettbewerbsmärkte – Mindestlöhne in der Theorie 10

3 **Die Liberalisierung der Postmärkte in Europa** 11
    3.1   Die Postdienste in Deutschland nach 1945 und ihre Rolle im Wandel der Zeit 11
    3.2   Die deutsche Postreform 13
    3.3   Die europäische Postreform 15
    3.4   Die Entwicklung des Wettbewerbs auf bereits vollständig liberalisierten Postmärkten 17

4 **Die Diskussion um die Einführung des Postmindestlohnes** 20
    4.1   Die Argumente der Befürworter 20
        4.1.1   Die Position der Gewerkschaften 21
        4.1.2   Die Position der Deutschen Post 26
        4.1.3   Die Position der Bundesregierung 28
    4.2   Effizienzeffekte von Mindestlöhnen im Postsektor 30
    4.3   Mindestlöhne in Europa 36
        4.3.1   Der Mindestlohn in Großbritannien 38
        4.3.2   Der Mindestlohn in den Niederlanden 42
        4.3.3   Der Mindestlohn in Frankreich 43
        4.3.4   Die gesetzlichen Mindestlöhne in Europa 44

5 **Auswirkungen des Postmindestlohnes** 48

5.1 Beschäftigungseffekte des Postmindestlohnes 48
5.2 Die Auswirkungen des Mindestlohnes auf den Wettbewerb im Postmarkt 51

6 Kombilöhne als verteilungspolitische Alternative zum gesetzlichen Mindestlohn 53
6.1 Das Modell der negativen Einkommenssteuer 53
6.2 Die Magdeburger Alternative 55

7 Zusammenfassung der Ergebnisse und Ausblick 56

Literaturverzeichnis 60

Abbildungsverzeichnis

Abb. 1:	Der Marktmechanismus	4
Abb. 2:	Das Angebotsverhalten auf einem Wettbewerbsmarkt	6
Abb. 3:	Das Angebotsverhalten im Monopol	7
Abb. 4:	Angebot und Nachfrage auf dem Arbeitsmarkt	9
Abb. 5:	Die Auswirkungen eines Mindestlohnes auf dem Arbeitsmarkt	11
Abb. 6:	Die schrittweise Reduzierung der gesetzlichen Exklusivlizenz	14
Abb. 7:	Die Liberalisierung und Privatisierung des Postmarktes in Europa	16
Abb. 8:	Die Öffnung der Postmärkte in Europa	19
Abb. 9:	Lizenzdichte der neuen Briefdienstleister und Arbeitslosenquote je Bundesland	25
Abb. 10:	Universaldienst – Geographische Kostenunterschiede	28
Abb. 11:	Der Postmarkt	34
Abb. 12:	Die Wirkung eines Mindestlohnes im Postmarkt	35
Abb. 13:	Die Entwicklungen der Erwerbstätigen im „Drei – Sektoren Modell"	37
Abb. 14:	Die Auswirkungen des Mindestlohnes auf die wirtschaftliche Entwicklung der Unternehmen	49
Abb. 15:	Der Arbeitsmarkt	54
Abb. 16:	Die negative Einkommenssteuer	54
Abb. 17:	Die Magdeburger Alternative	55

Tabellenverzeichnis

Tab. 1:	Verteilung sozialversicherungspflichtiger und geringfügiger Beschäftigung im Briefmarkt 2007	22
Tab. 2:	Einkommensbedingungen eines Zustellers 2006	24
Tab. 3:	Übersicht der durchschnittlichen Stunden- und Monatsentgelte	32
Tab. 4:	Die Entwicklung der Mindestlöhne in Großbritannien	41
Tab. 5:	Mindestlöhne und Jugendarbeitslosigkeit in Europa	46
Tab. 6:	Der Postmindestlohn im Vergleich zu den gesetzlichen Mindestlöhnen in Europa	47
Tab. 7:	Reaktionen auf die Einführung des Mindestlohnes	50
Tab. 8:	Marktanteile im Briefmarkt von 1999 - 2008	52
Tab. 9	Die Umsatzrendite des Unternehmensbereiches BRIEF von 2000 - 2011	57

Abkürzungsverzeichnis

AB .... Posten AB
AG .... Aktiengesellschaft
ALG II .... Arbeitslosengeld II
AV .... Arbeitslosenversicherung
BIP .... Bruttoinlandsprodukt
DBP .... Deutsche Bundespost
DPAG .... Deutsche Post AG
EG .... Europäische Gemeinschaft
EU .... Europäische Union
GK .... Grenzkosten
GKV .... Gesetzliche Krankenversicherung
GNBZ .... Gewerkschaft der Neuen Brief- und Zustelldienste e.V.
GRV .... Gesetzliche Rentenversicherung
KfW .... Kreditanstalt für Wiederaufbau
KKS .... Kaufkraftstandards
KR .... Konsumentenrente
LPC .... Low Pay Commission (Niedriglohnkommission)
NMW .... National Minimum Wage (Nationaler Mindestlohn)
OECD .... Organisation for Economic Co-operation and Development (Organisation für wirtschaftliche Zusammenarbeit und Entwicklung)
PostG .... Postgesetz
PostUmwG .... Postumwandlungsgesetz
PV .... Pflegeversicherung
RWI Essen .... Rheinisch-Westfälisches Institut für Wirtschaftsforschung
SMIC .... Salaire minimum interprofessionnel de croissance (Wachstumsorientierter Mindestlohn)
SMIG .... Salaire minimum interprofessionnel garanti (Garantierter Mindestlohn)
TNT .... Thomas Nationwide Transport
TV .... Tarifvertrag
UB .... Unternehmensbereich
Verdi .... Vereinte Dienstleistungsgesellschaft
WAZ .... Westdeutsche Allgemeine Zeitung
WIK .... Wissenschaftliches Institut für Infrastruktur und Kommunikationsdienste

1 Einleitung

1.1 Problemstellung und Zielsetzung

Mit dem „Grünbuch über die Entwicklung des Binnenmarktes für Postdienste" wurde die Grundlage für die Liberalisierung der Postmärkte in Europa geschaffen. Die Ziele hierbei waren insbesondere die Entmonopolisierung, Entstaatlichung sowie die stufenweise kontrollierte Liberalisierung.[1] Das Nachfolgeunternehmen der Deutschen Bundespost, die DPAG AG, hatte in Deutschland das alleinige Recht (Exklusivlizenz) zur entgeltlichen Briefbeförderung. Durch eine stufenweise Absenkung der Wert- und Gewichtsgrenzen wurde jedoch der Briefmarkt in Deutschland, entsprechend der europäischen Vorgaben, immer weiter für den Wettbewerb geöffnet. Im Jahr 2007 umfasste die Exklusivlizenz nur noch Briefsendungen bis 50 Gramm bzw. des 2 ½-fache des Preises für einen Standardbrief. Zum 01. Januar 2008 sollte diese endgültig aufgehoben werden. Die Liberalisierung des deutschen Postmarktes wäre damit abgeschlossen.

Im Vorfeld der vollständigen Marktöffnung wurden bereits im Jahr 2006 die Arbeitsbedingungen der Wettbewerber der Deutschen Post von gewerkschaftlicher Seite thematisiert. Die Nicht-existenzsichernden Löhne sowie die diskontinuierlichen Arbeitsverträge würden zu einer Prekarisierung der dort beschäftigten Arbeitnehmer führen.[2] Der damalige Vorstandsvorsitzende der Deutschen Post, Klaus Zumwinkel, kritisierte ebenfalls die Dumpinglöhne der Wettbewerber. Die Auswirkungen dieser ungleichen Wettbewerbsbedingungen würden bei der Deutschen Post einen massiven Arbeitsplatzabbau zur Folge haben. Demnach wäre der Verlust von 32.000 sozialversicherungspflichtigen Arbeitsplätzen zu erwarten.[3] Neben den Wettbewerbsbedingungen in Deutschland wurden außerdem die uneinheitlichen Öffnungszeitpunkte der Postmärkte innerhalb der Europäischen Union kritisiert. Danach wäre es für ausländische Postunternehmen möglich, sich in Deutschland einen Marktzutritt zu verschaffen, während dies der Deutschen Post auf deren Heimatmarkt nicht bzw. nur unter Erfüllung bestimmter Auflagen möglich sei.[4] Die Auflagen einiger Länder

---

[1] Vgl. Engels (2009), S. 14 ff.
[2] Vgl. Wein (2009), S. 2
[3] Vgl. Focus, Ausgabe Nr. 20, (2007), S. 216
[4] Vgl. Elsenbast (2007) S. 232

seien zudem so konstruiert, dass sie einen Zugang zum Postmarkt praktisch verhindern (z. B. Finnland).[5]

Die Entwicklung der Europäischen Postmärkte und der gewerkschaftliche Druck führten zu einer Diskussion im politischen Raum über die Einführung von Mindestlöhnen im Postmarkt. Durch diese sollte sichergestellt werden, dass der Wettbewerb im Briefmarkt nicht ausschließlich zu Lasten von sozialversicherungspflichtigen Arbeitsplätzen realisiert würde. Die Einführung der Postmindestlöhne in Deutschland wurde von einer großen öffentlichen Debatte begleitet und war sehr umstritten.[6] Im Kern der Diskussion wurde besonders über die Höhe der Mindestlöhne gestritten[7]. Der Postmindestlohn wurde nach langer Diskussion schließlich im Dezember 2007 von der damaligen Bundesregierung beschlossen. Die Verordnung traf zeitgleich mit der vollständigen Öffnung des Postmarktes zum 01. Januar 2008 in Kraft.[8] Bereits im März 2008 wurde die Mindestlohnverordnung vom Verwaltungsgericht Berlin allerdings für rechtswidrig erklärt.[9] Die Verordnung blieb jedoch bis zur endgültigen rechtlichen Klärung gültig.[10]

Unter ökonomischen Gesichtspunkten ist nun jedoch die Wirkung der Mindestlohnregelung auf die Entwicklung im Postmarkt von Interesse. Durch die Aufhebung des bisher reservierten Bereiches sollte ein uneingeschränkter Wettbewerb im Postmarkt ermöglicht werden. Dieser wiederum sollte insbesondere zu einer Erhöhung der Effizienz im Bereich der Postdienstleistungen beitragen. Da jedoch zeitgleich die Mindestlohnverordnung wirksam wurde, wird nun untersucht, ob die Einführung des Mindestlohnes Auswirkungen auf die Wettbewerbs- bzw. Beschäftigungsentwicklung im Postmarkt hatte. Die Argumente die zur Einführung des Mindestlohnes geführt haben, werden nachfolgend analysiert und anschließend bewertet. Im Mittelpunkt steht dabei die Analyse über die Höhe der festgelegten Mindestlöhne.

---

[5] Vgl. WIK-Consult (2006), S. 68 ff.

[6] Vgl. RP-Online (2008)

[7] Vgl. Schmidt (2007)

[8] Vgl. Frankfurter Allgemeine Zeitung (2007f)

[9] Vgl. Handelsblatt (2008)

[10] Vgl. Spiegel (2008)

1.2 Vorgehensweise und Aufbau der Arbeit

Zunächst geht der Autor auf theoretische Grundlagen ein und stellt im **Kapitel 2.1** die Monopol- und Wettbewerbsmärkte mit ihrer gesamtwirtschaftlichen Effizienz gegenüber. Mit der Öffnung des Postmarktes in Deutschland wurden Mindestlöhne für Briefzusteller verordnet, daher befasst sich der Autor im **Kapitel 2.2** mit einigen Grundlagen zur Preisbildung auf dem Arbeitsmarkt.[8] Insbesondere werden dabei die Bestimmungsgründe unter denen Arbeit angeboten bzw. nachgefragt wird dargestellt. Anschließend analysiert der Autor die Wirkungen, die von Mindestlöhnen ausgehen.

In **Kapitel 3** erläutert der Autor die schrittweise Öffnung des deutschen Postmarktes sowie die Liberalisierungsaktivitäten der übrigen Mitgliedsstaaten der Europäischen Union. Auch die Marktentwicklungen in Ländern mit bereits vollständig geöffneten Postmärkten werden betrachtet und analysiert.

In **Kapitel 4** wird die Diskussion um Einführung von Lohnuntergrenzen ausführlich dargestellt. Zunächst stellt der Autor die Argumente der Befürworter sowie anschließend die Effekte von Mindestlöhnen im Postsektor dar. Diesem Kapitel gilt besondere Bedeutung, da hier das Verhältnis des verordneten Postmindestlohnes zum durchschnittlichen Lohn der Wettbewerber bzw. der Deutschen Post dargestellt wird, um eine Aussage über die Höhe und Verhältnismäßigkeit treffen zu können. Weiterhin beschäftigt sich der Autor mit der Fragestellung, welche Bedeutung Marktzutrittsbarrieren auf einem Wettbewerbsmarkt haben und ob Mindestlöhne als eine solche wirken können. Die Ausgestaltung und die Wirkung von Mindestlöhnen werden in **Kapitel 4.3** anhand des britischen, niederländischen und französischen Mindestlohnmodells dargestellt.

Das **Kapitel 5** beschreibt die Auswirkungen infolge der Einführung des Postmindestlohnes in Deutschland. Dabei geht der Autor insbesondere auf die Auswirkungen im Hinblick auf die Beschäftigung- bzw. Wettbewerbsentwicklung im Briefsektor ein. Die Aussagen dieser Arbeit werden durch die Studien des RWI Essen „Auswirkungen der Einführung des Postmindestlohns - Befragung von Unternehmen der Branche Briefdienstleistungen" und der Input-Consulting „Die Anwendung des Postmindestlohns und seine Auswirkungen auf die Löhne, Unternehmen, Wettbewerb und Arbeitsplätze in der Briefbranche" belegt.

Zuletzt werden im **Kapitel 6** mit den Modellen der „Negativen Einkommensteuer" sowie der „Magdeburger Alternative" zwei Alternativen zu den Mindestlöhnen dargestellt.

2 Theoretische Grundlagen

2.1 Monopol vs. Wettbewerbsmarkt

Im folgenden Kapitel werden die unterschiedlichen Eigenschaften von Wettbewerbs- und Monopolmärkten gegenübergestellt. Zum leichteren Verständnis sollen dabei die beiden Extremformen **Vollkommener Markt** und **Monopol** im Hinblick auf die **Preisbildung** sowie die daraus resultierende gesamtwirtschaftliche **Effizienz** miteinander verglichen werden. Zunächst ist es jedoch erforderlich, kurz einige Grundbegriffe sowie die Funktion des Marktmechanismus zu erläutern. In der Abbildung 1 ist der Marktmechanismus dargestellt. Märkte entstehen dabei durch das Aufeinandertreffen von Angebot und Nachfrage. Die **Angebotskurve (S)** stellt dabei die **Menge (q)** eines Produktes dar, die ein Produzent zu einem bestimmten **Preis (P)** verkaufen will. Dabei ist zu beachten, je höher der Preis je Einheit, desto größer ist die Menge die die Unternehmen produzieren bzw. verkaufen möchten. Daher verläuft die Angebotskurve positiv. Die **Nachfragekurve (D)** gibt an welche Menge eines Gutes zu welchem Preis gekauft wird. Hierbei gilt, je höher der Preis ist, desto niedriger ist die nachgefragte Menge. Daher verläuft die Nachfragefunktion negativ. Im Schnittpunkt der Angebots- und Nachfragekurve bildet sich der **Marktpreis (G)**. Dieser dient als **Koordinationshilfe** und reguliert die Menge der zu tauschenden Güter und die Gewinne der Tauschpartner.[11]

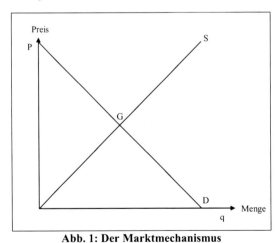

Abb. 1: Der Marktmechanismus
Eigene Darstellung, in Anlehnung an Weimann (2009), S. 243

---

[11] Vgl. Klump (2006), S. 46

Eine zentrale Voraussetzung auf einem Wettbewerbsmarkt ist, dass sich die Akteure auf beiden Marktseiten als Preisnehmer verhalten, d.h. beide Seiten müssen die Preise am Markt „hinnehmen". Diese Voraussetzung stellt sicher, dass ein einzelner Anbieter bzw. Nachfrager den Preis eines Gutes beeinflussen kann.[12] Die Anbieter können dann lediglich als „Mengenanpasser" am Markt agieren. Liegt der Preis, der sich am Markt bildet, über den Grenzkosten, sollten die Anbieter die Produktion ausdehnen, denn dadurch können diese ihren Gewinn steigern (vorausgesetzt die Durchschnittskosten sind geringer als die Grenzkosten). Solange der Erlöszuwachs (**Grenzerlös**) durch den Verkauf einer zusätzlich Einheit größer ist, als die Kosten, die für die Herstellung dieser Einheit anfallen (**Grenzkosten**), ist eine Produktionsausdehnung sinnvoll.[13]

Um nun die Effizienz eines Marktes zu bestimmen, wird das Konzept der **Produzenten- bzw. Konsumentenrente** verwendet. Es misst die Vorteilhaftigkeit des Preises für die jeweiligen Tauschpartner. In der Abbildung 2 wird das Konzept näher erläutert. Konsumenten unterscheiden sich hinsichtlich ihrer individuellen **Zahlungsbereitschaft D(p)** für ein Gut. Diese richtet sich nach ihren jeweiligen individuellen Präferenzen, z. B. einer Kosten/Nutzen Entscheidung. Einige Konsumenten sind bereit, für das entsprechende Gut den **Höchstpreis (Ph)** zu zahlen, andere hingegen würden nur den **Preis (P1)** akzeptieren. Da dieses Gut jedoch zum Preis **(Pg)** am Markt erhältlich ist, liegt der Vorteil der Konsumenten, die **Konsumentenrente (KR)**, in der Differenz seiner individuellen Zahlungsbereitschaft und dem tatsächlichen Preis, den er letztendlich am Markt für das Gut aufwenden muss. Die Konsumentenrente ist die grüne Fläche zwischen der Nachfragekurve **D(p)** und dem **Marktpreis (Pg)**. Die Vorteilhaftigkeit, die der Produzent erzielt, wird in der **Produzentenrente (PR)** ersichtlich. Die Produzentenrente erhält man aus der Differenz des Erlöses zu dem dieses Gut am Markt abgesetzt werden kann, und den Kosten, die zur Herstellung dieses Gutes aufgewendet werden müssen. Sind die Kosten, die dem Produzenten entstehen niedriger als der Marktpreis, erzielt er einen Überschuss - **die Produzentenrente**. Die Produzentenrente ist die blaue Fläche oberhalb der **Angebotsfunktion (GKq)** bis zum Marktpreis. Addiert man nun die Produzenten- und die Konsumentenrente ergibt dies den sozialen Überschuss.[14] Ein maximaler sozialer Überschuss wird erreicht wenn Konsumenten- und Produzentenrente zugleich ihr Maximum erreicht haben.

---

[12] Vgl. Weimann (2009), S. 240 ff.
[13] Vgl. Luckenbach (1994), S. 79
[14] Vgl. Weimann (2009), S. 244 ff.

Da Wettbewerbsmärkte Grenzkostenpreise erzwingen, die dann wiederum erst einen maximalen sozialen Überschuss ermöglichen, sind diese ein Synonym für Effizienz.[14]

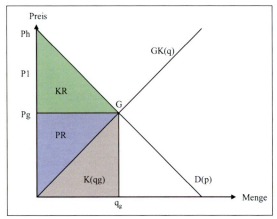

Abb. 2: Das Angebotsverhalten auf einem Wettbewerbsmarkt
Eigene Darstellung, in Anlehnung an Weimann (2009), S. 243

Im Monopol hingegen hat der Anbieter die Möglichkeit einen Preisaufschlag auf seine Grenzkosten durchzusetzen. Dieser Zuschlag wird umso größer ausfallen, je unelastischer die Nachfrage auf Preiserhöhungen reagiert.[15] Der entscheidende Unterschied im Vergleich zum Wettbewerbsmarkt ist, dass der Anbieter, in diesem Fall der Monopolist, der gesamten **Marktnachfrage D(p)** alleine gegenübersteht. Die negativ geneigte Marktnachfrage dient ihm dabei als Preis-Absatz-Funktion.[16] Um seine Gewinne zu maximieren, wählt dieser nun das Produktionsniveau, bei dem der Grenzerlös den Grenzkosten entspricht. Dies wird in der Abbildung 3 dargestellt. Der Schnittpunkt der **Grenzkostenkurve (GK)** und der **Grenzerlöskurve (GE)** zeigt dem Monopolisten die gewinnmaximierende Menge an. Nun kann dieser anhand der Nachfragekurve entsprechend den gewinnmaximierenden Preis **(qm)** bestimmen. Da der Monopolist diese Gewinne realisieren will, wird das Produktionsniveau entsprechend von **qg** auf **qm** reduziert. Gleichzeitig steigt der Preis von **Pg** auf **Pm**. Dieses gewinnmaximierende Produktionsniveau wird auch als das **Cournotsches Marktgleichgewicht (C)** bezeichnet. Dies ist die Preis-Mengen-Kombination zu denen der Monopolist seine Produkte am Markt anbietet. Dadurch kann der Monopolist seine Produzentenrente deutlich erhöhen.[15]

---

[15] Vgl. Weimann (2009), S. 267
[16] Vgl. Luckenbach (1994), S. 82

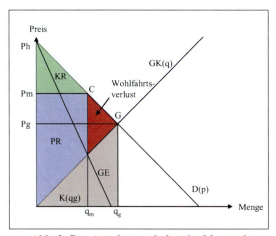

Abb. 3: Das Angebotsverhalten im Monopol
Eigene Darstellung, in Anlehnung an Weimann (2009), S. 268

In Abbildung 3 ist ersichtlich welche Auswirkungen die Marktmacht eines Monopolisten haben kann. Im Vergleich zum Gleichgewichtspreis auf dem Wettbewerbsmarkt ergibt sich aus der Preisbildung im Monopol eine niedrigere Angebotsmenge bei höheren Preisen. Infolgedessen kommt es zu einer Umverteilung von Konsumentenrente an die Produzenten in Höhe von **qm · (Pm − Pg)** und einer Minderung des sozialen Überschusses.[17] Darüber kann fehlender Wettbewerbsdruck zu unnötigen Kosten führen. Denn im Gegensatz zum Wettbewerbsmarkt führt eine ineffiziente Produktion nicht gleich zum Konkurs. Der daraus resultierende geringere Leistungsdruck schlägt sich in der Produktion in Form von mangelnder Effizienz und damit höheren Kosten nieder.[18] Dieser Effizienzverlust infolge einer Monopolstellung wird auch als „X-Ineffizienz" bezeichnet.[19] Zudem wird der Monopolist Ressourcen aufwenden, um seine Machtposition zu erhalten (Rent-Seeking). In Summe erfolgt der in Abbildung 3 dargestellte Wohlfahrtsverlust. Um diese Effizienzschädigung zu verhindern, müssen aus ökonomischer Sicht Monopolmärkte für den Wettbewerb geöffnet werden. Die Vorteile sind niedrigere Preise, eine gestiegene Angebotsvielfalt, höherer Qualität sowie eine erhöhte Innovationsdynamik. Aufgrund dieser Wohlstandssteigernden Effekte sind Wettbewerbsmärkte den Monopolmärkten vorzuziehen[20].

---

[17] Vgl. Weimann (2009), S. 269
[18] Vgl. Demmler (1996), S. 367 ff.
[19] Vgl. Leibenstein (1966), S. 392
[20] Vgl. Christmann (2004), S. 1

Es existiert allerdings eine Form des Monopols, bei dem ein Unternehmen den gesamten Markt effizienter versorgen kann, als dies mehrere Unternehmen im Wettbewerb tun könnten. Hierbei handelt es sich um das sogenannte natürliche Monopol. Ein natürliches Monopol kann entstehen, wenn ein Unternehmen besondere bzw. erhebliche Größenvorteile besitzt. Natürliche Monopole sind durch stets fallende Durchschnittskosten gekennzeichnet, so dass die Grenzkosten immer unterhalb der Durchschnittskosten liegen.[21]

2.2 Die Preisbildung auf dem Arbeitsmarkt

In Kapitel 2.1 wurde der Marktmechanismus für Güter erläutert. Da ein großer Teil der Kosten der Produktion dieser Güter dem Faktor Arbeit zuzuschreiben sind, wird in diesem Kapitel nun auf die Preisbildung auf dem Arbeitsmarkt eingegangen. Der Faktor Arbeit unterliegt im Prinzip den gleichen Gesetzmäßigkeiten wie für Güter.[22] Auf dem Arbeitsmarkt (Faktormarkt) sind jedoch die Haushalte die Anbieter. Diese bieten den Produktionsfaktor **Arbeit (L)** auf dem Arbeitsmarkt an. Die Haushalte werden daher auch als **Faktoranbieter** bezeichnet. Die Unternehmen dagegen agieren auf dem Arbeitsmarkt entsprechend als Arbeitsnachfrager. Entsprechend werden diese daher auch als **Faktornachfrager** bezeichnet. Als Preis für den Produktionsfaktor Arbeit erhalten die Haushalte von den Unternehmen **Löhne (w)**. Die Frage ist nun, welche Einflussfaktoren bestimmen das Arbeitsangebot bzw. die Arbeitsnachfrage. [23]

Das **Arbeitsangebot der Haushalte** wird durch das substitutive Verhältnis von Freizeit und Einkommen bestimmt.[22] Dies bedeutet, dass die Haushalte zu Gunsten der Einkommenserzielung auf Freizeit verzichten. Das Arbeitsangebot steigt dabei mit höherem Lohn, daher ist die **Arbeitsangebotskurve (SL)** positiv geneigt. Die Entscheidung, ob und in welchem Umfang die Haushalte Arbeit anbieten, hängt von dem Grenznutzenverhältnis aus Freizeit und Konsum einerseits und dem Lohn andererseits ab.[24] Sofern Freizeit und Konsum höher bewertet werden als der Lohn, bieten die Haushalte keine Arbeit mehr an. In Abbildung 3 ist der Marktmechanismus auf dem Arbeitsmarkt dargestellt.

---

[21] Vgl. Pindyck et al. (2009), S. 483
[22] Vgl. Sesselmeier et al. (1997), S. 47 ff.
[23] Vgl. Luckenbach (1994), S. 72ff
[24] Vgl. Franz (2009), S. 31 ff.

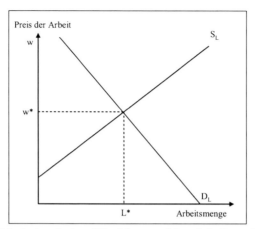

Abb. 4: Angebot und Nachfrage auf dem Arbeitsmarkt
Eigene Darstellung in Anlehnung an Pindyck und Rubinfeld, (2009), S. 683

Die **Arbeitsnachfrage der Unternehmen** orientieren sich dagegen an dem Gewinnmaximierungskalkül. Die Unternehmer fragen Arbeitskräfte entsprechend ihrer produktiven Leistung nach und orientieren sich dabei am Reallohn.[25] Dabei gilt, je höher der Lohn, desto geringer wird die Arbeitsnachfrage. Die **Arbeitsnachfragekurve (DL)** ist daher negativ geneigt. In einem Markt vollkommener Konkurrenz sind die Unternehmen Preisnehmer, d.h. der Lohn ist gegeben, sie können lediglich als Mengenanpasser agieren. Für einen Unternehmer ist es daher nur in dem Umfang sinnvoll, den Produktionsfaktor Arbeit nachzufragen, solange die Erlöse **(Grenzerlös)** aus der zusätzlichen Produktionsleistung den Kosten dieser Arbeit **(Löhne)** entsprechen.[26] Ist der Lohn höher als der erwirtschaftete Grenzerlös, wird die Arbeitsnachfrage reduziert, was wiederum die Mengenentscheidungen der Konsumenten beeinflusst. Dieser Anpassungsprozess läuft bei flexiblen Löhnen so lange ab, bis sich ein stabiles **Gleichgewicht (L*)** bei Vollbeschäftigung einstellt. Neben dem Ausgleich von Angebot und Nachfrage sorgt der Lohnsatz zusätzlich für eine optimale Zuteilung der knappen Ressourcen, da sich immer die effizienteste Produktionsform durchsetzt.[25]

---

[25] Vgl. Sesselmeier et al. (1997), S. 50 ff.
[26] Vgl. Pindyck et al. (2009), S. 681 ff.

2.3 Administrative Eingriffe in Wettbewerbsmärkte – Mindestlöhne in der Theorie

In den vorhergehenden Kapiteln 2.1 und 2.2 wurde auf die Preisbildung in Güter- und Arbeitsmärkten eingegangen. Dabei wurde festgestellt, dass Wettbewerbsmärkte positive Wohlfahrtseffekte zur Folge haben. Im folgenden Kapitel geht der Autor auf die Fragen ein, welche Motivation es dennoch geben könnte, in perfekt funktionierende Wettbewerbsmärkte einzugreifen und auf welche Weise dies geschehen kann. Eingriffe in funktionierende Märkte können **verteilungspolitisch** motiviert sein oder **meritorische Ziele** verfolgen. Unter Meritorik versteht man jene Eingriffe des Staates in den Marktmechanismus, die weder Marktversagen noch verteilungspolitische Aspekte als Motiv haben. Ursache hierfür sind z. B. aus Sicht der Politik, die verzerrten Präferenzen der Konsumenten.[27]

Nachfolgend soll nun jedoch von meritorischen Zielen abgesehen werden. Betrachtet werden sollen dagegen nur die Eingriffe in den Markt aus verteilungspolitischen Gründen. Darunter wird die staatliche Marktmanipulation verstanden, durch die der Marktpreis außer Kraft gesetzt wird und stattdessen durch einen „politischen Preis" ersetzt wird. Ziel dieser Maßnahme ist ein Umverteilungseffekt zugunsten bestimmter Gruppen. Der **Gleichgewichtslohn (w*)**, der sich am Markt gebildet hat, wird dabei als zu niedrig angesehen.

Um nun den gewünschten Umverteilungseffekt zu erzielen, wird infolgedessen der Lohn w* auf den **Mindestlohn (wm)** angehoben. Durch die angeordnete Lohnerhöhung setzt sich bei den Produzenten der in Kapitel 2.2 beschriebene Anpassungsprozess in Gang. Aufgrund der gestiegenen Löhne erhöhen sich bei den Unternehmern die Produktionskosten. Um diese auszugleichen, werden die Unternehmer ihre Arbeitsnachfrage von L* auf L1 reduzieren. Die Wirkung eines **Mindestlohnes** wird in Abbildung 5 dargestellt.[28]

Zur Folge hat dies wiederum einen erheblichen Verlust an Wohlfahrteffekten (rote Dreiecke). Diejenigen, die noch einer Arbeit nachgehen, profitieren zunächst von dem Mindestlohn.[28]

---

[27] Vgl. Weimann (2009), S. 295 ff.
[28] Vgl. Pindyck et al. (2009), S. 422 ff.

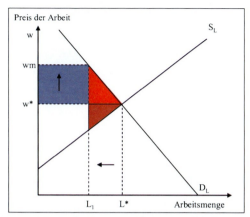

Abb. 5: Die Auswirkungen eines Mindestlohnes auf dem Arbeitsmarkt
Eigene Darstellung, in Anlehnung an Pindyck und Rubinfeld, 2009, S. 422

Allerdings sind auch hier Kompensationsmaßnahmen nicht auszuschließen. Denkbar wären, dass z. B. Sonderzahlungen wie Weihnachtsgeld oder Urlaubsgeld reduziert oder gestrichen werden. Eine Erhöhung der Produktivitätsvorgaben könnte ebenfalls in Betracht gezogen werden. Im Ergebnis bleibt festzustellen, dass der gewünschte Umverteilungseffekt auf Kosten von erheblichen Wohlfahrtverlusten erreicht wurde.

3 Die Liberalisierung der Postmärkte in Europa

3.1 Die Postdienste in Deutschland nach 1945 und ihre Rolle im Wandel der Zeit

Die Postdienste wurden in Deutschland nach dem 2. Weltkrieg durch das Grundgesetz in einer bundeseigenen Verwaltung organisiert. Zum 1. April 1950 entstand hieraus die Deutsche Bundespost. Mit der Leitung dieser Behörde wurde der Bundesminister für das Post- und Fernmeldewesen beauftragt. Die primäre Aufgabe der Bundespost bestand in der Abwicklung des Nachrichtenverkehrs. Zentrales finanzpolitisches Ziel war dabei die Sicherung der Eigenwirtschaftlichkeit.[29] Die Bundespost hatte dabei das alleinige Recht (Monopol) zur entgeltlichen Beförderung von Sendungen. Das Exklusivrecht wurde mit der Existenz eines natürlichen Monopols auf dem Postmarkt begründet. Diese führe zu effizienteren Ergebnissen, als die marktwirtschaftliche Selbststeuerung. Zudem wurde befürchtet, dass die Wettbewerber

---

[29] Vgl. Engels (2009), S. 21

ihre geschäftlichen Aktivitäten ausschließlich auf die lukrativen Ballungszentren konzentrieren würden, wodurch wiederum die Finanzierung des Universaldienstes[30] gefährdet wäre. Aufgrund dessen wurde zusätzlich die Notwendigkeit eines Markteintrittsverbots für Wettbewerber abgeleitet.[31] Das Ziel des Gesetzgebers war es daher, die Deutsche Bundespost und damit indirekt auch die Interessen der Arbeitnehmer der DBP, zur Sicherung der Betriebspflicht und der gemeinwirtschaftlichen Verpflichtungen wirtschaftlich zu schützen.[32]

In den 80er Jahren wurde die Berechtigung dieses Monopols und der Effizienz immer mehr in Frage gestellt. Marktöffnungserfolge in anderen Märkten (z. B. Großbritannien) zeigten zudem die Vorteilhaftigkeit der wettbewerblichen Selbststeuerung auf. Die Ergebnisse in diesen Märkten zeichneten sich durch eine höhere gesamtwirtschaftliche Effizienz, Innovationsdynamik und einer verbesserten internationalen Wettbewerbsfähigkeit aus.[31] Aus diesen Überlegungen entstand schließlich die Idee eines nationalen Postbinnenmarktes. Ziel dieser Politik war die Entmonopolisierung sowie die Entstaatlichung der Postdienste.

Im Zuge der Globalisierung der Märkte entstand dann die Idee eines gemeinsamen Postbinnenmarktes in Europa. Mit Herausgabe des „Grünbuch über die Entwicklung des Binnenmarktes" durch die Europäische Kommission, wurde im Jahr 1992 die programmatische Grundlage zur Liberalisierung der Postdienste geschaffen.[33] Neben der Entstaatlichung und Entmonopolisierung waren vor allem die stufenweise und kontrollierte Liberalisierung sowie die Sicherstellung der dauerhaften Bereitstellung des Universaldienstes eines der Hauptziele der postalischen Gemeinschaftspolitik.[33] Dies umfasst Zugänglichkeit, Qualität und Preise der Dienstleistungen. So sind die Mitgliedsstaaten verpflichtet das Einsammeln und Zustellen von Postsendungen an fünf Tagen in der Woche zu gewährleisten. Des Weiteren müssen innerhalb der EU 85 % der Sendungen nach maximal drei Tagen zugestellt werden. Darüber hinaus gelten für die Annahmestellen (z. B. Briefkästen, Filialen) entweder Mindestzahlen für bestimmte Gebiete oder Höchstdistanzen, die maximal zurückzulegen sind, um Postsendungen aufzugeben.[34]

---

[30] Unter dem Begriff **Universaldienst** wird dabei die Gewährleistung eines Mindestangebots an Postdienstleistungen verstanden (Heitzler 2009, S. 582)

[31] Vgl. Christmann (2004), S. 33 ff.

[32] Vgl. Werthmann (2004), S. 13

[33] Vgl. Engels (2009), S. 34 ff.

[34] Vgl. Heitzler (2009), S. 582

3.2 Die deutsche Postreform

Der deutsche Reformprozess gliedert sich in drei Reformschritte, die sogenannten **Postreformen I - III**. Mit Inkrafttreten der **Postreform I** begann die Privatisierung bereits zum 01. Juli 1989. Zu diesem Zeitpunkt wurde die Deutsche Bundespost vom Ministerium abgespalten und in drei Unternehmensbereiche (DBP Telekom, DBP Postbank und DBP Postdienste) aufgeteilt. Diese wurden zwar im Rahmen des Postgesetzes zur Eigenwirtschaftlichkeit verpflichtet, welche jedoch durch die Verpflichtung des gegenseitigen Finanzausgleichs bei Fehlbeträgen wieder aufgehoben wurde[35].

Die **Postreform II** wurde durch zwei wesentliche Einflüsse bestimmt. Dies war zum einen die Umsetzung der europarechtlichen Vorgaben zur Liberalisierung der Märkte und zum Anderen, geschuldet insbesondere der deutschen Einheit, musste im Bereich der Post und Telekommunikation ca. 60 Milliarden DM in den Aufbau einer leistungsfähigen Infrastruktur investiert werden.[36] Dieses Kapital konnte nur über die Privatisierung der Unternehmen und den Verkauf von Aktien aufgebracht werden. Mit dem Postumwandlungsgesetz vom 14. September 1994 wurden die Unternehmen DBP Telekom, DBP Post und DBP Postbank zum 01. Januar 1995 in Aktiengesellschaften umgewandelt.[37] Der Bund hatte damit zwar weiterhin dafür zu sorgen, dass flächendeckende und ausreichende Postdienstleistungen bundesweit angeboten werden, allerdings konnte dies nun auch privatwirtschaftlich erbracht werden.[36]

Mit der **Postreform III** wurden die europarechtlichen Vorgaben weiter umgesetzt. Am 22. Dezember 1997 wurde hierzu das **Postgesetz (PostG)** verabschiedet. Der Zweck dieses Gesetzes war es durch Regulierung im Bereich des Postwesens den Wettbewerb zu fördern und eine flächendeckende, angemessene und ausreichende Dienstleistung zu gewährleisten.[38] Mit der Öffnung des Postmarktes wurde dies in Form der schrittweisen Aufhebung bzw. Absenkung der **Exklusivlizenz** umgesetzt. Die DPAG hatte demnach ausschließlich das Recht bis zum 31. Dezember 2002 Briefsendungen und adressierte Kataloge, deren Einzelgewicht weniger als 200 Gramm und deren Einzelpreis bis zum Fünffachen des am 31. Dezember 1997 geltenden Preises für entsprechende Postsendungen der untersten Gewichtsklasse be-

---

[35] Vgl. Engels (2009), S. 45 ff.
[36] Vgl. Engels (2009), S. 47 ff.
[37] Vgl. PostUmwG vom 14.09.1994 § 1 Abs. 1-3
[38] Vgl. PostG vom 22.12.1997 § 1

trägt, gewerbsmäßig zu befördern (gesetzliche Exklusivlizenz).[39] Diese Befristung der Exklusivlizenz wurde mit Änderung des Postgesetzes am 2. September 2001 auf den 31. Dezember 2007 verlängert.[40]

Am 16. August 2002 wurde das Postgesetz hinsichtlich der Exklusivlizenz im Bereich der Gewicht- und Preisklasse wie folgt geändert: Die DPAG hat bis zum 31. Dezember 2005 das ausschließliche Recht, Briefsendungen und adressierte Kataloge, deren Einzelgewicht bis 100 Gramm und deren Einzelpreis weniger als das Dreifache des Preises für entsprechende Postsendungen der untersten Gewichtsklasse beträgt, gewerbsmäßig zu befördern. Darüber hinaus steht der DPAG bis zum 31. Dezember 2007 das ausschließliche Recht zu, Briefsendungen und adressierte Kataloge, deren Einzelgewicht bis 50 Gramm und deren Einzelpreis weniger als das Zweieinhalbfache des Preises für entsprechende Postsendungen der untersten Gewichtsklasse beträgt, gewerbsmäßig zu befördern.[39] Zum 1. Januar 2008 erfolgte die vollständige Öffnung des deutschen Postmarktes durch Wegfall der bisherigen Exklusivlizenz.

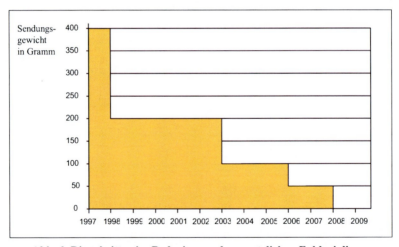

Abb. 6: Die schrittweise Reduzierung der gesetzlichen Exklusivlizenz
Eigene Darstellung in Anlehnung an Rasch, 2009, S. 70

---

[39] Vgl. Bundesgesetzblatt (1997), S. 3304

[40] Vgl. PostG_2001 1.Gesetz ÄnderungPostG

3.3 Die europäische Postreform

Die Postdienste stellen in der heutigen Zeit einen bedeutenden Bestandteil des europäischen Wirtschaftskreislaufes dar. Geschäftsbeziehungen sind ohne Postdienste kaum denkbar. Postalische Dienstleistungen sind insbesondere auf den Märkten der Kommunikation, Werbung und des Transports zu finden.[41] Aufgrund seiner Bedeutung gehört der Postsektor zu den größten Arbeitgebern in vielen Ländern in Europa. Der Postsektor erwirtschaftet in den 27 EU-Staaten jährlich einen Umsatz von über 88 Milliarden Euro, was etwa 1 % des BIP der Gemeinschaft entspricht.[42]

Wie bereits in Kapitel 3.1 erwähnt, wurde 1992 mit dem sogenannten Grünbuch über die Entwicklung des Binnenmarktes die Grundlage für die Liberalisierung der Postdienste in Europa geschaffen. 1997 wurde in Form der **Richtlinie 97/67/EG** (erste Postdienstrichtlinie) der genaue Zeitplan, sowie die Umsetzung der Regelungen (insbesondere zur Entwicklung eines Postbinnenmarktes und zur Verbesserung der Qualität und Dienstleistungen) in nationales Recht vorgegeben.[43] Dieser Zeitplan sah eine vollständige **Öffnung der Postmärkte zum 1. Januar 2003** vor.

Durch die am 10. Juni 2002 erlassene **Richtlinie 2002/39/EG** (zweite Postdienstrichtlinie) wurde der Zeitplan jedoch geändert. [44] Die Änderungen betrafen im wesentlichem die Vorgehensweise zur Öffnung der Postmärkte. In dieser Richtlinie wurde festgelegt, dass ab dem 1. Januar 2003 Briefsendungen bis zu einem Gewicht von 100 Gramm, deren Preis unter dem 3-fachen des Standardtarifs liegt zum reservierten Bereich zählen. Zum 1. Januar 2006 sollte diese Gewichtsgrenze auf 50 Gramm reduziert werden. Der Preis hierfür sollte zudem ab diesem Zeitpunkt unter dem 2-1/2 des Standardtarifs liegen. Zudem wurde in dieser Richtlinie der **1. Januar 2009** als provisorisches Datum zur vollständigen Öffnung der Postmärkte in Europa genannt.[43] Es bestand Einigkeit in der Europäischen Union darüber, wie die Postmärkte zu liberalisieren sind. Allerdings bestand Uneinigkeit zwischen den Ländern bezüglich des Zeitplanes der Marktöffnung. Die Länder lassen sich im Hinblick auf die Liberalisierung in drei Gruppen einteilen. Die erste Gruppe bestand aus den EU - Staaten, die ihren Markt bereits vollständig geöffnet hatten (Schweden, Finnland und Großbritannien) bzw. den Staaten, dessen Marktöffnung kurz bevor stand (Deutschland und die Niederlande).[45] Anzumerken ist, dass diese erste Gruppe alleine ca.

---

[41] Vgl. WIK-Consult (2006), S. 19
[42] Vgl. Eurostat 2009
[43] Vgl. Engels (2009), S. 36 ff.
[44] Vgl. Monopolkommission (2007), S. 4
[45] Vgl. Engels (2009), S. 40

60% des gesamten europäischen Briefvolumens auf sich vereinigt.[44] Die zweite Gruppe der EU - Staaten (Frankreich, Italien, Griechenland, Spanien, Belgien, Ungarn und Polen) befürchteten durch eine zu schnelle Liberalisierung den Verlust eines erheblichen Teils an Arbeitsplätzen und eine Minderung in der Qualität der Dienstleistungen. Dies betraf insbesondere auch die Gewährleistung der Universaldienstleistung bzw. der Grundversorgung an Postdiensten. Daher drängen diese Länder auf eine Verschiebung der vollständigen Marktöffnung.[45]

Am **11. Juli 2007** wurde hierzu als Kompromiss die vollständige Liberalisierung der Postmärkte auf den 1. Januar 2011 verschoben. Zudem können die Länder Zypern, Griechenland, Ungarn, Lettland, Litauen, Tschechische Republik, Luxemburg, Malta, Polen, Rumänien und die Slowakei ihre Marktöffnung bis **2013** aufschieben. Im Gegenzug konnten die Länder mit bereits liberalisierten Märkten, diesen Ländern bis zu deren vollständiger Marktöffnung den Zugang zu ihrem Heimatmarkt verweigern (Gegenseitigkeitsklausel).[45]

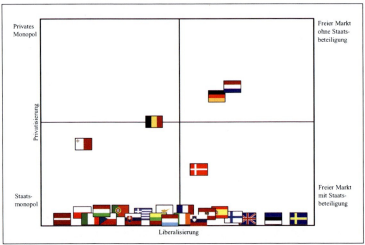

Abb. 7: **Die Liberalisierung und Privatisierung des Postmarktes in Europa (Stand: 2006)**
Eigene Darstellung in Anlehnung an Engels, (2009) S. 110

Anhand der Abbildung 7 ist gut zu erkennen, wie unterschiedlich die Länder die Postmärkte geöffnet haben (linker Bereich) bzw. in welchem Umfang die staatlichen Postunternehmen bereits privatisiert wurden (rechter Bereich). Während Deutschland und die Niederlande in **beiden** Punkten schon sehr weit fortgeschritten waren, hing ein Großteil der Europäischen Staaten teilweise deutlich hinterher.

3.4 Die Entwicklung des Wettbewerbs auf bereits vollständig liberalisierten Postmärkten

Die Wettbewerbsentwicklung in den bereits liberalisierten Ländern fällt sehr unterschiedlich aus. In **Finnland** liegt der Marktanteil alternativer Wettbewerber bei 0 % trotz des bereits im Jahr 1991 liberalisierten Postmarktes. Zurückzuführen ist dies auf das Lizenzsystems mit dem der Wettbewerber de facto die Pflichten des Universaldienstes auferlegt werden. Erfolgt die Zustellung nicht flächendeckend wird eine Steuer in Abhängigkeit zur Bevölkerungsdichte der belieferten Region auf den Umsatz erhoben. Die Steuer ist dabei umso höher, je größer die Bevölkerungsdichte relativ zur Bevölkerungsdichte in Finnland insgesamt ist.[46] Aufgrund der geringen Bevölkerungsdichte ist daher ein Markteintritt für Wettbewerber wenig attraktiv, dementsprechend liegt der Marktanteil des ehemaligen Monopolisten derzeit noch bei 100%.[47] Die Finnische Post **Suomen Posti Oy** wurde zwar 1994 in eine Aktiengesellschaft umgewandelt, jedoch behielt der Staat 100% der Anteile an diesem Unternehmen.[48]

Der **schwedische** Postmarkt wurde bereits 1993 vollständig geöffnet. In den Jahren nach der Marktöffnung stieg zunächst die Anzahl der Wettbewerber auf knapp 80 Unternehmen an, welche sich allerdings bis zum Jahr 2007 auf knapp 33 Wettbewerber reduzierten. Der Größte von ihnen ist die „City Mail" mit einem Marktanteil von knapp 8,3 %. Die City Mail ist seit 2002 im Besitz der Norwegischen Post.[49] Das Businessmodell der City Mail unterscheidet sich in zwei wesentlichen Punkten von dem ehemaligen Monopolisten **Posten AB**. Die City Mail stellt nur in dicht besiedelten Regionen im Süden des Landes zu und deckt damit ca. 45 % der Haushalte in Schweden ab.[46] Des Weiteren liefert die City Mail nur jeden dritten Tag bzw. zweimal in der Woche aus. Durch eine aggressive Preis- und Rabattpolitik konnte nach Einschätzung der schwedischen Postregulierungsbehörde PTS die Posten AB ihren hohen Marktanteil absichern. So konnte die Posten AB auf Markteintritte von Konkurrenten mit regionalen differenzierten Preissenkungen reagieren. Außerdem wurden Kunden, die ihre gesamte Geschäftspost bei der Posten AB einlieferten, mit Treuerabatten belohnt, City Mail Kunden bekamen im Gegenzug teilweise die Preise erhöht. Diese Wettbewerbshindernisse wurden durch die Regulierungsbehörde

---

[46] Vgl. Monopolkommission (2007), S. 7
[47] Vgl. Busch (2001)
[48] Vgl. Hemmer et al. (2003), S. 9
[49] Vgl. Postconsulting.at (2009), S. 34 ff.

untersucht, konnten aber aufgrund mangelnder Kompetenzen nur teilweise beseitigt werden. Der Marktanteil der Posten AB lag 2006 bei 91%.[49]

Der Postmarkt in **Großbritannien** wurde 2006 vollständig geöffnet. Diesem gingen die Schritte der Öffnung des Briefmarktes für Sendungen >350 Gramm im Jahr 2000, die Öffnung des Marktes für Massensendungen ab 4.000 Stück im Jahr 2001 sowie das Absinken der Monopolschwelle im Jahr 2003 auf 100 Gramm voraus. Der Wettbewerb in Großbritannien findet dabei hauptsächlich im Bereich der Annahme von vorsortierter Massenpost statt. Dieser Anteil des sogenannten Zugangswettbewerbs lag 2007 bei rund 11 %. Ein Wettbewerb der Dienstleistungen in der Zustellung ist aufgrund der hohen Rabatte (z. B. teilweise mehr 50% auf den Standardbrief) nicht attraktiv. Im Bereich der Zustellung dominiert daher der ehemalige Monopolist, die **Royal Mail**, mit einem Marktanteil von 99 %.[49] Die in Kapitel 3.2 durchgeführten Reformen im Bereich des Postwesens haben in **Deutschland** dazu geführt, dass es mehr als 1.000 lizenzierte Wettbewerber auf dem Postmarkt gibt. Die Mehrzahl dieser Anbieter bieten allerdings nur bestimmte Produkte an bzw. nur in bestimmten Regionen. Eine Universaldienstverpflichtung, wie z. B. in Finnland, existiert dabei nicht.[50] Im Gegensatz zum britischen Modell stellen diese Unternehmen ca. 75% ihrer eingesammelten Sendungen auch selbst zu. Das niedrige Rabattniveau führt dabei zum Aufbau eigener Zustellnetze. Die Wettbewerber konnten bezogen auf die Sendungsmenge 2006 einen Marktanteil von 9,1 % erreichen.[51]

Die Marktöffnung des **Niederländischen Postmarktes** begann bereits im Jahr 1989 mit der Absenkung der gesetzlichen Exklusivlizenz auf 500 Gramm. Im Jahr 2000 wurde die Gewichtsgrenze auf 100 Gramm und 2006 schließlich auf 50 Gramm reduziert.[50] Neben dem ehemaligen Monopolisten haben sich auf dem holländischen Markt vor allem zwei weitere Wettbewerber etabliert. Dies ist zum Einen die „Sandd" und zum Anderen die „Selekt Mail", eine Tochter der DPAG. Beide Gesellschaften liefern zweimal in der Woche aus und erreichen einen Marktanteil im adressierten Briefpostbereich von 14%[46]. Damit haben die Niederlande im Postmarkt den höchsten Marktanteil alternativer Wettbewerber in der EU. Dies ist umso bemerkenswerter, da der Briefmarkt noch nicht vollständig geöffnet wurde.[52] Ein Grund hierfür könnte die hohe Bevölkerungsdichte in den Niederlanden sein.[46] Hierzu ist anzumerken, dass die DPAG mit der Selekt Mail auf dem niederländischen Postmarkt mit einem Marktanteil von 5 % (Stand 2006) aktiv ist.[117] Die niederländische

---

[50] Vgl. Postconsulting.at (2009), S. 41 ff.
[51] Vgl. Bundesnetzagentur (2007a), S. 21
[52] Vgl. Postconsulting.at (2009), S. 46

Post wiederum ist in Form der TNT Post auf dem deutschen Postmarkt mit einem Marktanteil von ca. 2 % vertreten.[116] Die vollständige Marktöffnung sollte ursprünglich zum 1. Januar 2008 und damit zeitgleich mit der deutschen Marktöffnung erfolgen. Aufgrund der Einführung des Postmindestlohnes wurde die vollständige Marktöffnung in den Niederlanden jedoch verschoben.[53] Festzustellen ist jedoch, dass die Unternehmen, deren Märkte früh privatisiert wurden, bereits gezeigt haben, dass sie strukturelle Veränderungen (z. B. Auslagerung von Teilen des Poststellen- bzw. Zustell- oder Transportnetzes) häufig besser als dies Staatsbetriebe hätten vornehmen können – auch gegen die Widerstände der Politik und den Gewerkschaften. Es ist daher davon auszugehen, dass die Unternehmen auch in einem vollständig liberalisierten Markt erfolgreich sein können.[54] Daher sollte das Ziel der vollständigen Liberalisierung der Postmärkte in Europa unvermindert fortgesetzt werden. In Abbildung 8 sind die geplanten Marktöffnungszeitpunkte grafisch dargestellt.

Abb. 8: Die Öffnung der Postmärkte in Europa
Quelle: Hans Böckler Stiftung (2006

---

[53] Vgl. Süddeutsche Zeitung (2007)
[54] Vgl. Heitzler (2009), S. 581

4 Die Diskussion um die Einführung des Postmindestlohnes

Aufgrund der Unsicherheiten bezüglich der Postmarktöffnungen in Europa (vgl. Kapitel 3.3) kam es 2007 in Deutschland zu einer neuen Diskussion über den Zeitpunkt der vollständigen Liberalisierung. Auf der einen Seite forderte die DPAG, aufgrund der aus Ihrer Sicht unfairen Rahmenbedingungen, die Verschiebung der vollständigen Marktöffnung.[55] Befürchtet wurden erhebliche Wettbewerbsnachteile gegenüber ausländischen Postkonzernen, die aus nach wie vor geschützten Heimatmärkten in Deutschland agieren würden. Diese Position wurde von den damaligen Ministern Franz Müntefering (Arbeitsminister) und Peer Steinbrück (Finanzminister) mitgetragen. Auf der anderen Seite forderten die neu etablierten Postunternehmen die Einhaltung des bestehenden Zeitplanes zur Öffnung der Märkte, die dabei vom Wirtschaftsminister, Michael Glos, unterstützt wurden.[56] Die Diskussion über die Auswirkungen der wettbewerblichen Öffnung des Postmarktes ist keineswegs neu, sondern wurde bereits in der zweiten Hälfte der 90er Jahre im Bundestag diskutiert. Im Mittelpunkt der Diskussion stand damals wie die Auswirkungen infolge der Liberalisierung sozialverträglich umgesetzt werden können. Die Diskussion führte zur Aufnahme des Regulierungsziels der „Berücksichtigung sozialer Belange" in § 2 Abs. 2 PostG sowie und vor allem der sogenannten Sozialklausel in § 6 Abs. 3 Nr. 3 PostG ins Postgesetz.[57] Diese Sozialklausel lautet wie folgt:

> „Die Lizenz ist zu versagen, wenn Tatsachen die Annahme rechtfertigen, daß der Antragsteller die wesentlichen Arbeitsbedingungen, die im lizenzierten Bereich üblich sind, nicht unerheblich unterschreitet."[58]

Dadurch hat die Bundesregierung bereits in einem frühen Stadium die Arbeitsbedingungen infolge der Liberalisierung festgeschrieben.[57]

4.1 Die Argumente der Befürworter

Die Einführung der Postmindestlöhne wurde gemeinsam von den Gewerkschaften und der DPAG gefordert. Aktiv unterstützt wurde dieses Vorhaben von der damaligen Bundesregierung. Auf die unterschiedlichen Motive dieser beteiligten Akteure wird nun im folgenden Kapitel ausführlich eingegangen. Die Dienstleistungsgewerkschaft Verdi konzentrierte sich dabei insbesondere auf die Auswirkungen der Ar-

---

[55] Frankfurter Allgemeine Zeitung (2006)
[56] Vgl. Brandt et al. (2007), S. 267 ff
[57] Vgl. Input-Consulting (2006), S. 18 ff.
[58] Vgl. PostG vom 22.12.1997 § 6 Abs. 3 Nr. 3

beitsbedingungen im Postmarkt infolge der Liberalisierung. Hierzu gab die Gewerkschaft eine Studie in Auftrag, auf die im folgenden Kapitel eingegangen wird. Die DPAG kritisierte die Wettbewerbsbedingungen in Deutschland als Folge der ungleichen Liberalisierung in Europa. Eine besondere Stellung nimmt in dieser Diskussion die Bundesregierung ein, da diese als Gesetzgeber und zugleich als Noch-Eigentümer der DPAG in dieser Diskussion auftritt.[59]

4.1.1 Die Position der Gewerkschaften

In Folge der Liberalisierung des deutschen Postmarktes haben sich insbesondere zwei Großkonzerne, die **TNT Post** und die **PIN-Group,** als Hauptkonkurrenten zur Deutschen Post herausgebildet. Beide Unternehmen haben sich durch Übernahme von lokalen Postunternehmen sowie Kooperationen ein weitestgehend flächendeckendes Zustellnetz aufgebaut. Die TNT Post Deutschland ist ein Gemeinschaftsunternehmen der ehemaligen staatlichen niederländischen Post und der deutschen Hermes Logistik Gruppe. Die PIN-Group wurde aus den Zeitungsverlagen Axel Springer, Georg von Holzbrinck und der WAZ – Mediengruppe sowie der Beteiligungsgesellschaft Rosilia gegründet.[56] Neben diesen zwei Großkonzernen ist zudem die Firma **Jurex** im besonders lukrativen Nischenmarkt mit der förmlichen Zustellung von gerichtlicher und behördlicher Post mit einem Jahresumsatz von ca. 10 Mio. Euro aktiv.[60]

Die Arbeitsbedingungen der neuen Briefdienstleister rückten durch die fortschreitende Liberalisierung des Postmarktes bzw. Etablierung weiterer Wettbewerber immer weiter in das Blickfeld der Gewerkschaften. Diese stellten dabei teils signifikante Unterschiede zu den Konditionen der Deutschen Post fest. Dies betraf insbesondere die Beschäftigungsverhältnisse und die Einkommenssituation.[61]

Die Auswirkungen sind im Hinblick auf die **Beschäftigungsverhältnisse** insbesondere in der hohen Anzahl an geringfügiger Beschäftigung zu erkennen. In Tabelle 1 ist zu erkennen, dass im Jahresdurchschnitt 2007 im Briefmarkt insgesamt 185.383 Menschen beschäftigt waren. Davon waren 157.937 (85,2 %) Arbeitsplätze sozialversicherungspflichtig bzw. standen in einem Beamtenverhältnis. Arbeitsplätze mit geringfügiger Beschäftigung machten im Briefmarkt dementsprechend mit 27.446 einen Anteil von 14,8% aus.

---

[59] Vgl. Monopolkommission (2007), S.12 ff
[60] Vgl. Input-Consulting (2006), S. 36
[61] Vgl. Input-Consulting (2010), S. 27

Verteilung sozialversicherungspflichtiger und geringfügiger Beschäftigung*) im Briefmarkt 2007				
Im Jahresdurchschnitt	DPAG		Lizenznehmer	
Beschäftigte im Briefmarkt (gesamt)	185.383			
davon beschäftigt bei	146.035	100%	39.348	100%
davon geringfügig Beschäftigte	6.645	5%	20.801	53%
davon sozialversicherungspflichtig Beschäftigte und Beamte**	139.390	95%	18.547	47%

*) Beschäftigte der DPAG und der Lizenznehmer (einschließlich Firmeninhaber/mitbeschäftigte Angehörige), die lizenzpflichtige Postdienstleistungen ausüben. Nicht erfasst werden damit Beschäftigte bei sogenannten Sub-Unternehmen, die die DPAG oder ein Lizenznehmer als Erfüllungsgehilfen einsetzt, da diese gem. $ 5 Abs. 2 Nr. 1 PostG keine Lizenz für ihre Tätigkeit benötigen.

**) Die Gesamtzahl der sozialversicherungspflichtig Beschäftigten und Beamten entspricht der Summe der Kategorien „Vollzeit-" und „Teilzeitbeschäftigte" aus den Angaben der Bundesnetzagentur.

Tab. 1: Verteilung sozialversicherungspflichtiger und geringfügiger Beschäftigung im Briefmarkt 2007
Quelle: Eigene Berechung, in Anlehnung an Bundesnetzagentur (2009). S. 58

Damit ist der Briefmarkt in seiner Gesamtheit betrachtet durch eine Dominanz sozialversicherungspflichtiger Beschäftigung charakterisiert.[62] Da die Anzahl der Arbeitsstellen mit geringfügiger Beschäftigung 1999 noch bei 11.528 lag, ist festzustellen, dass sich diese Beschäftigungsart rasant ausgeweitet hat. Hierzu hat die Beschäftigungssituation bei den neuen Briefdienstleistern beigetragen. Der Anteil der geringfügigen Beschäftigung liegt hier mit 20.801 Arbeitsplätzen bei rund 53 %. In Minijobs sind die proportionalen Bruttostundenkosten von Beschäftigten deutlich geringer als die von versicherungspflichtigen Beschäftigten. Dies wiederum ist u. a. darauf zurückzuführen, dass tarifliche Standards bei Minijobs oft nicht berücksichtigt sind oder erst gar nicht existieren. Dies könnte Entgelte und Vereinbarungen (Urlaub, Lohnfortzahlung im Krankheitsfall, Kündigungsschutz und Sozialleistungen) betreffen. Aufgrund von sinkenden Beitragsabzügen der Arbeitnehmer kann trotz reduzierter Bruttoentgelte bei gegebenen Stundenvolumen das gleiche Nettoeinkommen erzielt werden. Die Bruttoentgelte werden also soweit reduziert, dass sich im Ergebnis das gleiche Nettoentgelt ergibt.[63] Dadurch wirken diese indirekt als eine Subvention für die Arbeitgeber.[64] Des Weiteren lag die Fluktuation der Beschäftigten 2004

---

[62] Vgl. Input-Consulting (2006), S. 41 ff.
[63] Vgl. Bäcker (2006), S. 258
[64] Vgl. Kalina et al. (2006), S. 9

(nur Westdeutschland) bei 63 % während diese in sozialversicherungspflichtigen Beschäftigungsverhältnissen nur 29 % betrug.[65]

Die **Einkommensbedingungen** bei neuen Briefdienstleistern unterscheiden sich ebenfalls deutlich von denen der Deutschen Post. Nach Erhebungen zahlen die neuen Briefdienstleister (ohne DPAG) in Westdeutschland Löhne zwischen 5,00 und 10,00 Euro, wobei ein Großteil dieser Unternehmen zwischen 6,50 und 8,00 Euro pro Stunde zahlt. In Ostdeutschland liegt das Lohnniveau zwischen 5,00 und 7,00 Euro. Hieraus ergibt sich ein Medianlohn (durchschnittlicher Stundenlohn) für Westdeutschland von 7,00 Euro und für Ostdeutschland von 5,90 Euro. Würden diese Stundenlöhne als Referenzgröße betrachtet ergäbe sich daraus ein monatliches Bruttoentgelt von 1.169,00 Euro in Westdeutschland und 985,00 Euro in Ostdeutschland. In einigen Unternehmen werden zudem keine festen Stundenlöhne gezahlt. Die Vergütung erfolgt hier auf Stücklohnbasis, insbesondere bei Tochterfirmen von Zeitungsverlagen. Der ermittelte Medianstücklohn je Sendung liegt dabei in Deutschland gesamt bei 13 Cent (Ostdeutschland 12 Cent, Westdeutschland 15 Cent).[66]

Neben den Lohnvorteilen profitieren die neuen Briefdienstleister von weiteren Kostenvorteilen im Vergleich zur Deutschen Post. So sind im Bezahlungssystem der DPAG Lohnsteigerungen mit zunehmender Betriebszugehörigkeit vorgesehen. Der tariflich fixierte Urlaubsanspruch liegt bei 29 Tagen, bei den Wettbewerbern liegt der Anspruch zwischen 21 und 28 Tagen. Tariflich festgelegt ist bei der DPAG ebenfalls ein Überstundenzuschlag in Höhe von 25 %, bei der Mehrzahl der neuen Briefdienstleister wird kein Zuschlag gezahlt.[66] Des Weiteren wird bei vielen Wettbewerbern weder Urlaubs- noch Weihnachtsgeld gezahlt. Die Wochenarbeitszeit beträgt zudem 40 Stunden statt wie bei der DPAG 38,5 Stunden pro Woche (siehe hierzu auch Tabelle 2).

---

[65] Vgl. Kalina et al. (2005), S. 3 ff.
[66] Vgl. Input-Consulting (2006), S. 48 ff.

Einkommensbedingungen eines Zustellers* 2006			
	PIN AG**)	Jurex**)	DPAG AG TV	TV Logistik Tarifgebiet Berlin II
Monatsentgelt***)	1.020,00 €	900,00 €	1.765,88 €	1.631,31 €
Stundenentgelt****)	5,86 €	5,17 €	10,54 €	9,47 €
Wochenarbeitszeit	40 Stunden	40 Stunden	38,5 Stunden	40 Stunden
Urlaub (5 Tage Woche)	21 Tage	26 Tage	29 Tage	28 Tage
Urlaubsgeld	- €	- €	332,34 €	360,00 €
Weihnachtsgeld	- €	- €	1.765,88 €	360,00 €
Mehrarbeitszuschlag	0%	0%	25%	25%

*)   35 Jahre, 5 Beschäftigungsjahre
**) arbeitsvertragliche Regelungen aus der Region Berlin[67]
***) garantiertes arbeitsvertragliches Monatsentgelt (brutto); variable und widerrufbare Leistungen z. B. Bonuszahlungen sind nicht berücksichtigt;
****) Stundenentgelte wurden von Verdi aus dem arbeitsvertraglichen Monatsentgelt berechnet

Tab. 2: Einkommensbedingungen eines Zustellers 2006
Quelle Brand, et al. (2007) S. 271

Nachdem Prinzip der Preisbildung auf dem Arbeitsmarkt steigt mit dem Lohn auch das Arbeitsangebot. Bei niedrigeren Löhnen wiederum nimmt das Arbeitsangebot ab (vgl. Kapitel 2.2). Demnach dürfte es für Unternehmen mit geringen Löhnen schwieriger sein die Arbeitsnachfrage zu befriedigen. Fraglich ist nun, warum die Arbeitnehmer auf dem Postmarkt überhaupt bereit sind, diese Arbeitsbedingungen zu akzeptieren. Faktoren, die die Arbeitsaufnahme zu solchen Konditionen begünstigen, könnten die hohe und vor allem anhaltende Arbeitslosigkeit sein. Hinzu kommen noch die geringen Chancen anderweitig eine Arbeit mit besseren Konditionen zu finden.[68] Die Bundesnetzagentur konnte eine positive Korrelation zwischen der Intensität der Aktivitäten der neuen Lizenznehmer am Briefmarkt und der Höhe der Arbeitslosenquote feststellen (siehe Abbildung 9).[69]

---

[67] Vgl. Input-Consulting (2006), S. 52 ff.
[68] Vgl. Input-Consulting (2006), S. 80 ff.
[69] Vgl. Bundesnetzagentur (2006a) S. 64

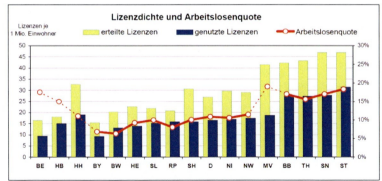

Abb. 9: Lizenzdichte der neuen Briefdienstleister und Arbeitslosenquote je Bundesland
Quelle: Bundesnetzagentur (2007), S. 70

Die negativen Folgen, die aufgrund dieser sogenannten prekären bzw. geringfügigen Beschäftigung einhergehen, sind für die Betroffenen durch Verunsicherung, mangelnde Planbarkeit des Lebens und vor allem durch das Risiko der Armutsgefährdung gekennzeichnet. Darüber hinaus ist dies auch für die Finanzarchitektur der sozialen Sicherung problematisch.[70] Durch die Zunahme von geringfügiger Beschäftigung besteht darüber hinaus die Gefahr, dass die sozialen Sicherungssysteme beeinträchtigt bzw. ausgehöhlt werden.[71] Im Gegensatz zu einer vollen Steuer- und Beitragspflicht, erfolgt bei geringfügiger Beschäftigung lediglich eine 2 % Pauschalbesteuerung. Beiträge an die AV und der PV werden dabei nicht gezahlt. Die vom Arbeitgeber abzuführenden Beiträge an die GKV und die GRV werden zudem deutlich unter dem sonst üblichen Satz liegen.[72] Die Versicherten erhalten aufgrund ihrer niedrigeren eingezahlten Sozialversicherungsbeiträge (Äquivalenzprinzip) auch entsprechend geringere Leistungsansprüche. Problematisch wird dies jedoch dann, wenn sozialversicherungspflichtige Beschäftigung durch sozialversicherungsfreie Arbeitsplätze verdrängt wird.[73]

Aufgrund dieser Situation wurden die folgenden Handlungsoptionen abgeleitet:

- Verschiebung der Marktöffnung zum 1. Januar
- Effektive Anwendung des Regulierungsinstrumentes der sozialen Lizenzauflagen

---

[70] Vgl. Input-Consulting (2006), S. 84

[71] Vgl. Keller et. al (2006), S. 235

[72] Vgl. Klammer et al. (2006), S. 290

[73] Vgl. Input-Consulting (2006), S. 92

- Die Vergabe von Öffentlichen Aufträgen sollte soziale Standards berücksichtigen
- Abschluss von Tarifverträgen bei den neuen Briefdienstleistern
- Durchsetzung eines branchenspezifischen Mindestlohnes[74]

Niedriglöhne, wie sie bei der Mehrheit der neuen Briefdienstleister gezahlt wurden, sind dabei zur wichtigsten Determinante der Arbeitsbedingungen geworden.[75] Die Bildung eines branchenspezifischen Mindestlohnes wurde daher zur zentralen Forderung. Hierzu wurde auf Initiative der Deutschen Post am 21. August 2007 der Arbeitgeberverband Postdienste e. V. gegründet. Dem Verband gehören neben der Deutschen Post noch 20 weitere mittelständische Unternehmen an. Die beiden größten Postkonkurrenten zählten allerdings nicht dazu. Die Gründung dieses Verbandes war erforderlich, um die Einführung von Mindestlöhnen in dem Postsektor zu beantragen.[76] Zu diesem Zweck schloss der Arbeitgeberverband Postdienste mit der Gewerkschaft Verdi am 04. September 2007 einen Mindestlohntarifvertrag ab. Darin wurde festgelegt, dass für Beschäftigte der Branche Postdienste mindestens einen Stundenlohn in Höhe von 8 Euro pro Stunde im Osten bzw. 8,40 Euro im Westen gezahlt werden muss. Der Mindestlohn für Briefzusteller wurde im Osten auf 9,00 Euro und im Westen auf 9,80 Euro festgelegt.[77]

4.1.2 Die Position der Deutschen Post

Deutschland gehört, wie in Abbildung 8 dargestellt, bei der Öffnung der Postmärkte und der Entstaatlichung des ehemaligen Monopolisten zu den Vorreitern in Europa.[78] Im Vorfeld der vollständigen Marktöffnung im Jahr 2007 kritisierte jedoch der damalige Vorstandsvorsitzende der DPAG, Klaus Zumwinkel, den unfairen Wettbewerb, dem die DPAG durch die uneinheitliche Liberalisierung sowie der Dumpinglöhne der neuen Briefdienstleister ausgesetzt sei. Das ursprüngliche Ziel einer einheitlichen und fairen **Öffnung der Postmärkte** in Europa sei damit gescheitert. Die DPAG befürchtete infolgedessen den Verlust von Marktanteilen im Briefgeschäft. Ausländische Postunternehmen könnten auf dem deutschen Markt in Konkurrenz zur DPAG treten. Dies wiederum sei der Deutschen Post auf deren Heimatmärkten nicht

---

[74] Vgl. Input-Consulting (2006), S. 9
[75] Vgl. Input-Consulting (2006), S. 95
[76] Vgl. Handelsblatt (2007)
[77] Vgl. Arbeitgeberverband Postdienste e.v. (2007)
[78] Vgl. Engels (2009), S. 19

möglich, da diese auch weiterhin bis zum Jahr 2011 (teilweise sogar bis 2013) durch ein staatliches Monopol geschützt sind.[79]

Des Weiteren kritisierte Klaus Zumwinkel die Niedriglöhne der Konkurrenz, die zudem auch noch die Sozialkassen des Staates belasten würden. Die Löhne der Wettbewerber lägen dabei rund 40 Prozent unter den Einstiegsgehältern der Post. Bei der Post verdient ein Zusteller in Berlin (verheiratet, zwei Kinder) netto 1361,46 Euro. Ein großer Wettbewerber hingegen zahlt demselben Mann lediglich 806,00 Euro. Ergänzend bekommt dieser allerdings Arbeitslosengeld II. Es könne nicht sein, dass die Mitarbeiter der Deutschen Post jährlich ca. 2,3 Milliarden Euro in die Sozialkassen einzahlen, während sich die Wettbewerber über Transferzahlungen aus den Sozialkassen bezahlen lassen. Um diese Wettbewerbsverzerrung zu verhindern, durch die rund 32.000 sozialversicherungspflichtige Arbeitsplätze gefährdet seien, appellierte Klaus Zumwinkel an die Politik durch einen Mindestlohn in der Postbranche für faire Wettbewerbsbedingungen zu sorgen. Zudem forderte er die Bundesnetzagentur auf bei der Zulassung neuer Briefdienste die sozialen Mindeststandards zu beachten.[80]

Des Weiteren forderte Zumwinkel die Beibehaltung der Mehrwertsteuerbefreiung als Ausgleich zum angebotenen und flächendeckenden Universaldienst. Hierdurch wird die Gewährleistung eines Mindestangebots an Postdienstleistungen zu tragbaren bzw. zumutbaren Preisen sichergestellt. Postleistungen werden in Deutschland bundesweit zum **Einheitstarif** angeboten, obwohl sich die Kosten der Annahme und Zustellung regional unterscheiden.[81] So sind die Kosten, die durch die Zustellung in dünn besiedelten Gebieten anfallen (durch höheren Wegeanteil und geringere Sendungsmengen), höher als in dichter besiedelten Gebieten (siehe Abbildung 6). Dies könnten ausländische Postunternehmen gezielt nutzen, um sich auf die Zustellung in den besonders lukrativen Großstadtbereichen zu beschränken. Die kostspielige Zustellung in den ländlichen Bereichen könnte dann der Deutschen Post überlassen werden. Erschwerend kommt hinzu, dass die Markteintrittsbedingungen auf den bereits liberalisierten Postmärkten in Europa zudem nicht einheitlich sind. **Beispiel:** Würde die DPAG in Finnland die Zustellung nur in Großstadtbereichen (z. B. nur in Helsinki) anbieten, müsste sie 20 Prozent vom Umsatz als Abgabe direkt an den finnischen

---

[79] Vgl. RP – Online (2007)
[80] Vgl. Focus Money (2007)
[81] Vgl. Rasch (2009), S. 59 ff.

Staat abführen (siehe hierzu auch Kapitel 3.4). Die finnische Post könnte dies allerdings in Deutschland ohne eine Abgabe tun.[82]

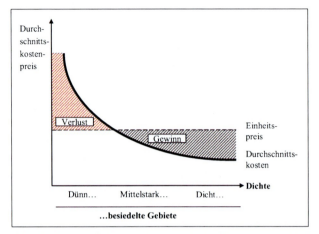

Abb. 10: Universaldienst – Geographische Kostenunterschiede
Quelle: Eigene Darstellung, in Anlehnung an Rasch (2009), S. 56

4.1.3 Die Position der Bundesregierung

Die Bundesregierung nimmt in dieser Diskussion eine besondere Stellung ein, da sie zum Einen Wettbewerbshüter bzw. Wettbewerbsförderer ist, und zum Anderen immer noch mit rund 30,6 % selbst Anteilseigner der Deutschen Post ist. Eine weitere Veräußerung der Anteile ist geplant und verläuft über das sogenannte Platzhaltemodell. Nach diesem Modell verkauft der Bund seine Anteile zu Marktpreisen mit dem Ziel der vollständigen Privatisierung an das staatseigene Unternehmen Kreditanstalt für Wiederaufbau. Verkauft die KfW die Anteile später am Kapitalmarkt zu einem höheren Preis, erhält der Bund eine weitere Zahlung aus einem vereinbarten Besserungsschein. Dieser errechnet sich aus der Differenz von Veräußerungserlös und Einkaufspreis abzüglich der entstandenen Kosten bzw. der Vergütung für die KfW. Durch dieses Modell hat der Bund weiterhin ein eigenes finanzielles Interesse am wirtschaftlichen Erfolg der Deutschen Post, da die Kursgewinne, die durch den Verkauf von Aktien entstehen könnten, direkt dem Bund zufließen. Auf der anderen Seite soll der Bund durch seine Gesetzgebung für einen Wettbewerb auf dem Postmarkt sorgen. Dieser Interessenkonflikt wird an folgender Tatsache deutlich: Der Aktienkurs der DPAG und damit der Verkaufserlös der Anteile ist umso kleiner, je

---

[82] Vgl. Zawadzky (2007)

niedriger die Monopolrente der DPAG ist, diese wiederum wird von der Intensität auf dem Postmarkt negativ beeinflusst.[59]

In der Debatte um die vollständige Öffnung der Postmärkte unterstütze der damaligen Finanzminister, Peer Steinbrück, die Forderungen von Klaus Zumwinkel:

> „Warum sollten wir in Deutschland zum 1. Januar 2008 das Briefmonopol aufgeben, wenn weite Teile anderer europäischer Märkte wie Frankreich, Italien, Griechenland oder Portugal das Briefmonopol nicht aufgeben, sondern sich hermetisch abriegeln, auch gegen die Markterschließungsstrategien deutscher Unternehmen".[83]

Zuvor hatte sich bereits Arbeitsminister Franz Müntefering für eine Verlängerung des Briefmonopols ausgesprochen.[84] Trotz des Beschlusses des EU-Parlaments vom 11. Juli 2007, die Postmärkte erst 2011 bzw. 2013 zu öffnen (siehe hierzu auch Kapitel 3.3), sollte der Postmarkt in Deutschland, wie ursprünglich geplant, bereits zum 1. Januar 2008 vollständig geöffnet werden.[85]

Um den deutschen Postmarkt vor Dumpinglöhnen sowie den Folgen einer einseitigen Marktöffnung zu bewahren, wurde von dem SPD-Vorsitzenden Kurt Beck sowie dem damaligen Vizekanzler Franz Müntefering die Einführung eines Postmindestlohnes vorgeschlagen.[86] Nachdem der Arbeitgeberverband Postdienste mit der Gewerkschaft Verdi am 04. September 2007 einen Mindestlohntarifvertrag ausgehandelt hatte (siehe auch Kapitel 4.1.1), wurde von Seiten der Bundesregierung zugesichert, nun dafür zu sorgen, dass die nächsten Schritte rasch eingeleitet werden. Ziel sei es, zum Jahreswechsel bzw. zum Wegfall des Monopols einen Postmindestlohn für die Branche einzuführen.[87] In der Bundesregierung kam es anschließend zu einer großen Diskussion, ob der Mindestlohntarifvertrag die vom Entsendegesetz vorgesehene Erfassung von 50 % der Arbeitnehmer der jeweiligen Branche erfülle. Als Reaktion aus dieser Diskussion begrenzte der Arbeitgeberverband Postdienste e. V. und Verdi den Geltungsbereich des modifizierten Tarifvertrags, indem Briefbeförderungen im Rahmen von Nebentätigkeiten (z. B. Zeitungszustellung) ausgeschlossen wurden.[88] Nach dieser Änderung konnte der Streit um die Einführung von

---

[83] Merkur Online (2007)
[84] Vgl. Frankfurter Allgemeine Zeitung (2007a)
[85] Vgl. Frankfurter Allgemeine Zeitung (2007b)
[86] Vgl. Frankfurter Allgemeine Zeitung (2007c)
[87] Vgl. Frankfurter Allgemeine Zeitung (2007d)
[88] Vgl. Wein (2009), S. 3

Postmindestlöhnen beigelegt werden.[89] Der Postmindestlohn wurde daher schließlich am 20. Dezember 2007 im Bundesrat beschlossen.[8]

4.2 Effizienzeffekte von Mindestlöhnen im Postsektor

In Kapitel 4.1 wurden die Argumente, die für die Einführung von Postmindestlöhnen sprechen, dargestellt. Das Primärziel von liberalisierten Postmärkten zur Steigerung der Effizienz und dem Erzwingen von Grenzkostenpreisen stand in der Diskussion nicht im Mittelpunkt. Es wurden also im Wesentlichen verteilungspolitische Ziele mit der Einführung der Mindestlöhne verfolgt. Mindestlöhne sollten dabei vor allem zum Schutz von sozialversicherungspflichtigen Arbeitsplätzen eingesetzt werden. Damit sollten vor allem Dumpinglöhne bzw. die negativen Folgen einer einseitigen Marktöffnung infolge der asymmetrischen Postmarktöffnung in Europa verhindert werden.[90]

Insbesondere die Auslegung der sogenannten Sozialklausel nach (§ 6 Abs. 3 Satz 1 Nr. 3 PostG) war sehr umstritten. Die Bundesnetzagentur gab zu diesem Zweck sogar ein Rechtsgutachten in Auftrag. Diesem Rechtsgutachten nach kann die Bundesnetzagentur im Rahmen der Sozialklausel einem Antragsteller die Lizenz verweigern,

> „wenn aufgrund eines konkreten Anfangsverdachts von der Behörde festgestellt wird, dass ein lizenziertes Unternehmen diese Arbeitsbedingungen, namentlich das ortsübliche Lohnniveau für vergleichbare Tätigkeiten nicht erheblich unterschreitet.[91]"

Des Weiteren kommt dieses Gutachten zu dem Ergebnis, dass die Arbeitsbedingungen der marktbeherrschenden DPAG nicht der Maßstab für Mindestlöhne innerhalb der Branche sein kann. Dieser solle sich stattdessen an den lokalen Arbeitsmärkten mit vergleichbaren Tätigkeiten orientieren.[92]

Hierzu wurden u. a. bereits zwei Studien erstellt. Die Studie der Input-Consulting (siehe auch Kapitel 4.1.1) kommt dabei zu dem Ergebnis, dass der Medianstundenlohn eines Briefzustellers bei der DPAG einheitlich in Deutschland 11,84 Euro (inkl. Weihnachts-/Urlaubsgeld sowie des Basisbetrages des variablen Entgeltes) beträgt.[93]

---

[89] Vgl. Frankfurter Allgemeine Zeitung (2007e)

[90] Vgl. Input-Consulting (2006), S. 99

[91] Vgl. Säcker (2007), S. 62

[92] Vgl. Säcker (2007), S. 61 ff.

[93] Jahreseinkommen - auch für die nachfolgenden Angaben - jeweils auf 12 Monate umgerechnet. Im Einkommen sind neben der monatlichen Grundvergütung das 13. Monatsgehalt, das Urlaubsgeld sowie der Basisbetrag für die variable Vergütung enthalten. (Grundlage für die Berechnung ist

4 Die Diskussion um die Einführung des Postmindestlohnes

Der Medianlohn der Wettbewerber hingegen liegt bei 7,00 Euro im Westen bzw. 5,90 Euro im Osten.[66]

Die Zweite Studie der WIK kommt zu einem etwas anderen Ergebnis. Demnach liegen die Stundenlöhne für Briefzusteller im Bundesschnitt bei der DPAG einheitlich bei 11,40 Euro und bei den Wettbewerbern bei 8,44 Euro.[94]

Beide Studien bestätigen allerdings übereinstimmend, dass die Löhne der DPAG weit über denen der Wettbewerber liegen. Die Aussagekraft beider Studien ist allerdings beschränkt, da diese sich bei ihrer Analyse nur auf einen kleinen Teil der auf dem Markt tätigen Unternehmen beschränkten. Daher hat die Bundesnetzagentur im Juni 2007 eine Befragung von ca. 1500 Lizenznehmern zu ihren Beschäftigungsbedingungen gestartet.[95]

Am 31. Oktober 2007 veröffentlichte die Bundesnetzagentur hierzu ein erstes Zwischenergebnis dieser Befragung. Bis zu diesem Zeitpunkt wurden 1.321 Unternehmen ausgewertet. Diese stellen dabei rund 87 % der Unternehmen und 85 % der Arbeitnehmer im gesamten Briefmarkt dar. Im Ergebnis lagen die gewichteten Durchschnittslöhne der Wettbewerber der DPAG je nach Region zwischen 6,00 und 10,00 Euro. Der Lohn für Briefzusteller lag im Bundesdurchschnitt bei 7,33 Euro. Diese Ergebnisse sollten zur Versachlichung, der im Herbst 2007 geführten Debatte, um die Einführung eines Postmindestlohnes beitragen. Nicht berücksichtigt wurden bei dieser Befragung die Erfüllungsgehilfen (z. B. eingesetzte Subunternehmer). Diese benötigten keine Lizenz, daher konnte die Bundesnetzagentur hierzu keine Daten erheben.[96]

In der Tabelle 3 sind nun die Ergebnisse der verschiedenen Studien der Input – Consulting, des WIK sowie das Endergebnis der Befragung der Bundesnetzagentur dargestellt. Zur Gegenüberstellung sind die letztendlich beschlossenen Mindestlöhne in dieser Tabelle ebenfalls dargestellt. Um einen Vergleich der Löhne zu erleichtern, wurden diese zusätzlich auf Monatslöhne hochgerechnet.

---

      der Entgelttarifvertrag für Arbeitnehmer der DPAG, gültig ab 1. November 2006, Anhang 2a Monatsgrundentgelttabelle für Arbeitnehmer, Tarifvertrag Nr. 129.)

[94] Vgl. WIK (2007), S. 10

[95] Vgl. Monopolkommission (2007), S. 23 ff.

[96] Vgl. Bundesnetzagentur (2007b)

4 Die Diskussion um die Einführung des Postmindestlohnes

Vergleich Stunden- und Monatsentgelte						
	Studie WIK*)	Bundesnetzagentur ****)	Studie Input-Consulting**)		Mindestlohn	
		Bundesdurchschnitt	West	Ost	West	Ost
Stundenlohn						
DPAG AG	11,40 €	12,13 €	11,84 €		9,80 €	9,00 €
Neue Briefdienstleister	7,94 €	7,28 €	7,00 €	5,90 €		
Monatslohn***)						
DPAG AG	1.904 €	2025 €	1.977 €		1.637 €	1.503 €
Neue Briefdienstleister	1.326 €	1.215 €	1.169 €	985 €		
*) Arithmetischer Mittelwert von Minimal- bzw. Maximalwert der Vergütungsgruppe eines Zustellers bei der DPAG (dies war erforderlich, da der Lohn mit Dauer der Betriebszugehörigkeit ansteigt)						
**) Einstiegsentgelt für einen Briefzusteller (inkl. 13. Monatsgehalt, Urlaubsgeld und dem Basisbetrag der variablen Vergütung) bei Vollzeit 38,5 Wochenstunden, auf 12 Monate umgerechnet, Stand: November 2006; Berechnung der Input-Consulting, Stundenlöhne umgerechnet auf Monatseinkommen bei 38,5 Wochenstunden, Durchschnittsbeträge (Median)						
***) Der Monatslohn ergibt sich aus dem jeweiligen Stundenlohn multipliziert mal 167 Arbeitsstunden						
****) Endergebnis der Befragung durch die Bundesnetzagentur						

Tab. 3: Übersicht der durchschnittlichen Stunden- und Monatsentgelte
Quelle: Monopolkommission 2009 S. 53 sowie eigene Berechnung,
in Anlehnung an Input – Consulting (2006), S. 51

Aus den Ergebnissen der Tabelle 3 ergeben sich folgende Schlussfolgerungen:

1. Die Löhne der DPAG liegen in allen Studien bzw. Befragungen weit über der durchschnittlich üblichen Entlohnung für vergleichbare Tätigkeiten.[95] Dies ist darauf zurückzuführen, dass die DPAG einen Teil ihrer Monopolrenten in Form von höheren Löhnen an die Beschäftigten weitergibt. Die Monopolrente ist daher auch von der Verhandlungsmacht des Tarifpartners, in diesem Fall die Dienstleistungsgewerkschaft Verdi, abhängig.[97]

2. Da die Niedriglohnschwelle[98] 2006 in Deutschland bundeseinheitlich bei einem durchschnittlichen Stundenlohn von 9,13 Euro lag[99], ist der Briefmarkt insgesamt als Niedriglohnsektor anzusehen.[100]

Die Wettbewerber sind auf geringe Löhne angewiesen, da sie zum Eincn mit einem günstigeren Angebot als die Post am Markt auftreten müssen, um Kunden zum

---

[97] Vgl. Monopolkommission (2009), S. 55

[98] Unter dem Begriff Niedriglohnschwelle verwendet man den OECD-Standard von zwei Drittel des Medianlohns (Kalina et al. (2008), S. 2)

[99] Vgl. Kalina et al. (2008), S. 2

[100] Vgl. WIK (2007), S. 35

Wechsel zu bewegen. Zum Anderen haben diese höhere Kosten, da ihre Angebote im Vergleich zu deren der DPAG nicht von der Mehrwertsteuer befreit sind. Des Weiteren können die Wettbewerber keine Größen-[101] bzw. Verbundvorteile erzielen, solange sie nicht selbst eine gewisse Größe erreicht haben[102]. Die Größenvorteile bei der DPAG betreffen dabei vor allem die Zustellung von Briefen und Infopost.[103] Diese wiederum sind das Ergebnis zweier Faktoren: Die Durchschnittskosten sinken mit der größeren Dichte von Zustellstützpunkten (z. B. durch geringere Wegeleistungen) und einer größeren Anzahl empfangener Sendungen je Zustellstützpunkt.[104] Die Verbundvorteile der DPAG resultieren dabei aus dem gemeinsamen Erbringen von Einsammel- und Zustelltätigkeiten. Hierdurch wird eine Duplizierung der Kosten vermieden.[105]

Daneben ist zu berücksichtigen, dass die DPAG eine erhebliche Finanzkraft besitzt, die u. a. aus den Monopoleinnahmen resultieren, ein bestehendes Transport und Zustellnetz sowie eine gewisse Qualitätsreputation besitzt. Eine weitere Auswirkung des Mindestlohntarifvertrags zeigte sich auch darin, dass die DPAG AG praktisch von diesem Tarifvertrag nicht betroffen war. Die Beschäftigten der DPAG erhalten höhere Tariflöhne entsprechend des Haustarifvertrages der DPAG und Verdi. Die überwiegende Anzahl der Mitarbeiter, die von dem ausgehandelten Mindestlohntarifvertrag betroffen sind, sind also bei den Wettbewerbern zu finden. Der DPAG ist es damit gelungen die Löhne der Wettbewerber zu beeinflussen, ohne selbst davon betroffen zu sein.[102] Die Vorteile der Strategie, die Kosten der Konkurrenz zu erhöhen, statt in einen Verdrängungswettbewerb einzutreten, liegen vor allem darin, dass dadurch die Produktionskosten der Konkurrenten steigen. Infolgedessen könnten (vielleicht sogar müssen) die Preise ebenfalls steigen. Gleichzeitig reduzieren sich damit deren Vorteile gegenüber dem marktbeherrschenden Unternehmen. In einem klassischen Verdrängungswettbewerb könnte es zu Kampfpreisen kommen, die dann kaum umkehrbar sein dürften. Zudem hat das marktbeherrschende Unternehmen eher Marktanteile zu verlieren als die noch wachsende Konkurrenz.[106]

---

[101] Von Größenvorteile spricht man, wenn eine proportionale Erhöhung aller Inputfaktoren eine überproportionale Erhöhung der Outputkomponenten bewirkt (Knieps (2000), S. 24)

[102] Vgl. Monopolkommission (2007), S. 27

[103] Infopost = Adressierte Werbepost (DPAG (2012a))

[104] Vgl. Knorr und Gröner (1995), S. 49

[105] Vgl. Braubach (1992), S. 171

[106] Vgl. Salop et al. (1983), S. 267

Ökonomisch drängt sich daher der Verdacht auf, dass die Einführung eines Mindestlohnes wie eine Marktzutrittsschranke wirken könnte. Die Auswirkungen aufgrund der Einführung der Postmindestlöhne sind in Abbildung 11 grafisch dargestellt:

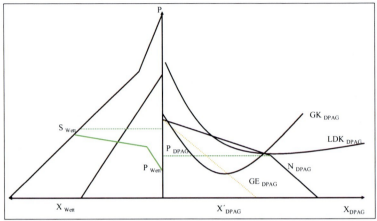

Abb. 11: Der Postmarkt
Quelle: Eigene Darstellung, in Anlehnung an Thomas Wein (2009), S. 19

Die Abbildung 11 zeigt nun vereinfacht den Postmarkt als Eingütermarkt. Die Preise der Deutschen Post unterliegen der Genehmigung der Regulierungsbehörde. Zum leichteren Verständnis soll hiervon jedoch abgesehen werden.

Auf der rechten Seite der Abbildung 11 ist die Angebotsfunktion der DPAG dargestellt. Die Marktnachfrage (N DPAG) wird von der Deutschen Post aufgrund ihrer marktbeherrschenden Stellung dominiert.[107] Die U-förmige Grenzkostenkurve verläuft zunächst, ähnlich wie bei einem natürlichen Monopol, unterhalb der Durchschnittskostenkurve.[21] Der langfristige Verlauf der Durchschnittskostenkurve (**LDK DPAG**) wird von weitestgehend konstanten Durchschnittskosten geprägt.[107] Die gewinnmaximierende Menge (**X′ DPAG**) wird der Deutschen Post im Schnittpunkt der Grenzerlöskurve (**GE DPAG**) mit der Grenzkostenkurve (**GK DPAG**) angezeigt. Die Grenzerlösekurve dient der DPAG damit zur Bestimmung des „Monopolpreises" der DPAG (siehe auch Kapitel 2.1). Hieraus ergibt sich der Preis (**P DPAG**). Auf der linken Seite der Abbildung 11 ist die Angebotsfunktion der Wettbewerber dargestellt. Aus dem Schnittpunkt der Angebotskurve der Wettbewerber (**SWett**) und der Marktnachfragekurve ergibt dabei den Angebotspreis (**P Wett**). Dieser liegt deutlich unterhalb des Angebotspreises der DPAG.

---

[107] Vgl. Wein (2009), S. 13

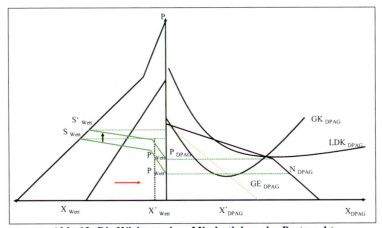

Abb. 12: Die Wirkung eines Mindestlohnes im Postmarkt
Quelle: Eigene Darstellung, in Anlehnung an Thomas Wein (2009), S. 19

Von Abbildung 11 ausgehend sollen nun in Abbildung 12 die Auswirkungen der Einführung des Postmindestlohnes grafisch dargestellt werden. In diesem Fall verschiebt sich die Angebotskurve **(SWett)** der Wettbewerber durch die höheren Arbeitskosten infolge des Mindestlohnes parallel nach oben (schwarzer Pfeil) und ergibt nun die neue Angebotskurve **(S'Wett)**. Der Angebotspreis der Wettbewerber **(P Wett)** verschiebt sich ebenfalls parallel nach oben und beträgt nun **(P'Wett)**. Des Weiteren kommt es aufgrund der hohen Mindestlöhne zu massiven Marktaustritten der Wettbewerber bzw. die noch am Markt verbleibenden Wettbewerber werden ihren Wirkungsbereich nicht ausdehnen. Das Arbeitsangebot der Wettbewerber reduziert sich dementsprechend (roter Pfeil). Diese Verschiebungen führen zu einer deutlichen Verbesserung der Nachfrageposition der DPAG. Diese Nachfragekurve stellt sich nun selbst ein bzw. erhöht sich von **N DPAG** auf **N' DPAG**. Die Kostensituation der DPAG bleibt durch die Mindestlohngesetzgebung unberührt, da deren Tariflöhne deutlich höher liegen. Entsprechend des Gewinnmaximierungskalküls (vgl. Kapitel 2.1) existiert weiterhin der Preis **(P DPAG)**.[108]

Im Ergebnis führt der Mindestlohn dazu, dass die DPAG ihre Stellung als marktbeherrschendes Unternehmen absichert. Dies ist insbesondere der Tatsache geschuldet, dass der Lohn, der im Mindestlohntarifvertrag aushandelt wurde, deutlich über der in der Branche üblichen Entlohnung liegt (siehe Tabelle 3).[108]

Eine Parallele zu dem 1950 in den USA festgelegten Mindestlohn bei den Kohleproduzenten ist offensichtlich. Im diesem Fall war die amerikanische Gewerkschaft der

---

[108] Vgl. Wein (2009), S. 18 ff.

United Mine Workers mit einem großen Kohlproduzenten übereingekommen, dass alle in der Branche tätigen Unternehmen denselben Mindestlohn zu zahlen haben. Hierdurch „sollten" die kleinen und weniger produktiven Unternehmen aus dem Markt gedrängt werden. Oliver Williamson stellte hierzu im Jahr 1968 fest, dass Mindestlöhne als effektive Markteintrittsbarriere genutzt werden können. Dies sei insbesondere dann der Fall, wenn sich die Unternehmen hinsichtlich ihrer Produktivität wesentlich unterscheiden. Die produktiven Unternehmen seien in diesem Fall sogar bereit, höhere Löhne zu zahlen – natürlich mit der Absicht den Wettbewerb dadurch auszubremsen. Auf den Deutschen Briefmarkt übertragen bedeutet dies, dass die DPAG aufgrund ihrer höheren Sendungsmengen deutlich produktiver ist als die Konkurrenz. So stellt die Post im Schnitt pro Haus mehr Sendungen zu, als die Wettbewerber. Durch den sehr hohen Mindestlohn wird der bisherige Lohnkostenvorteil erheblich minimiert und führt im Ergebnis dazu, dass die Liberalisierung der Postmärkte im Keim erstickt wird.[109]

Die ökonomischen Auswirkungen, die mit der Einführung dieses Mindestlohnes verbunden sind, sind daher auch vom Umfang her mit einer Markteintrittsbarriere gleichzusetzen, wie es die 2007 auslaufende Exklusivlizenz der DPAG darstellt.[102] Welche Auswirkungen infolge der Einführung des Mindestlohnes eingetreten sind, werden in Kapitel 5 thematisiert.

Neben dem Mindestlohn können des weiteren spezielle Universaldienstregelungen, wie z. B. die Lizenzauflagen des Postmarktes in Finnland, dazu führen, dass weitere künstliche Markteintrittsbarrieren entstehen. Um dieses zu verhindern, wurde hierzu in der dritten Postrichtlinie der Europäischen Union die Finanzierung des Universaldienstes neu geregelt. In dieser Richtlinie wurde festgelegt, dass wenn der Universaldienst zu finanziellen Nachteilen des Erbringers führe, können zur Abhilfe staatliche Beihilfen ausgeschrieben werden. Eine weitere Form der Finanzierung wäre zudem die Bildung eines Universaldienstfonds.[34] Die Marktteilnehmer würden danach verpflichtet werden, einen Beitrag in diesen speziellen Fond einzuzahlen. Eine wettbewerbsneutrale Form der Finanzierung wäre damit gewährleistet.[34]

4.3 Mindestlöhne in Europa

Im diesem Kapitel werden nun die Mindestlohneffekte sowie die Ausgestaltung der gesetzlichen Mindestlöhne in Europa dargestellt. Zunächst wird jedoch untersucht warum die Forderungen nach Mindestlöhnen in den letzten Jahrzehnten immer mehr

---

[109] Vgl. Inderst et al. (2007)

zugenommen haben. Zum Schluss des Kapitels 4.3 folgt ein Überblick über die bestehenden Mindestlöhne in Europa.

In den letzten Jahrzehnten haben sich in der deutschen Volkswirtschaft wesentliche Strukturveränderungen vollzogen. Durch diese hat der Dienstleistungssektor immer mehr an Bedeutung gewonnen.[110]

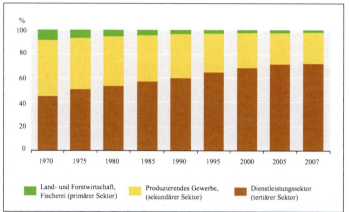

Abb. 13: Die Entwicklungen der Erwerbstätigen im „Drei – Sektoren Modell"
Quelle: Statistisches Bundesamt (2009), S. 7

Die Ursachen hierfür sind sowohl auf der Angebotsseite als auch auf der Nachfrageseite zu beobachten. Auf der Nachfrageseite ist eine Veränderung der Nachfragestruktur zu erkennen, d. h. bei Befriedigung der Grundbedürfnisse entstehen zunehmend gehobene Bedürfnisse. Der Strukturwandel auf der Angebotsseite ist u. a. darauf zurückzuführen, dass die Unternehmen immer mehr produktionsbezogene Dienstleistungen nachfragen, z. B. Outsourcing von bestimmten Tätigkeiten. Des Weiteren wird Produktion immer dienstleistungsintensiver, z. B. durch Beratungsleistungen, Forschung und Entwicklung und Werbung.[111]

Der Wandel zum Dienstleistungsbereich zeichnet sich zudem durch eine hohe Arbeitsintensität und einer Intensivierung an Humankapital aus. Wird die Produktivitätsentwicklung in Deutschland von 1991 bis 2004 über alle Wirtschaftsbereiche hinweg betrachtet, liegt die Bruttowertschöpfung pro eingesetzter Arbeitsstunde bei Erwerbstätigen bei 2,1 %. Gemessen daran konnten die Sektoren Landwirtschaft 4,6 % und das Produzierende Gewerbe 2,7 % ihre Produktivität überdurchschnittlich steigern. Der Dienstleistungsbereich hat dagegen nur ein unterdurchschnittliches

---

[110] Vgl. Statistisches Bundesamt (2009), S. 7
[111] Vgl. Mussel et al. (2001), S. 58ff.

Wachstum von 1,6 % erzielt.[112] Dies ist u. a. ein Grund warum der Dienstleistungssektor immer weiter an Bedeutung gewinnt. Eine Studie stellte hierzu in Bezug auf die Löhne im Dienstleistungsbereich fest, dass ein hoher Anteil der Jobs im Niedriglohnbereich eher dieser Branche zuzuordnen ist. Daher geht der Strukturwandel zu der Dienstleistungsgesellschaft u. a. mit einer wachsenden Niedriglohnproblematik einher.[113] Durch die Einführung von Mindestlöhnen soll dieser Problematik entgegenwirkt werden.[114] Die Ausgestaltung von Mindestlöhnen sowie deren Wirkung, werden nun im folgenden Kapitel näher betrachtet. Da es in Deutschland derzeit keine flächendeckenden Mindestlohnregelungen gibt, werden daher nun die Erfahrungen von anderen Ländern dargestellt.

Als positives Beispiel für die Einführung von Mindestlöhnen wird immer das britische Modell genannt.[115] Daher wird dieses Modell in Kapitel 4.3.1 ausführlich beschrieben. Die niederländische TNT – Post ist in Deutschland der größte Wettbewerber der DPAG, die DPAG wiederum ist in Form der Selekt Mail auf dem niederländischen Postmarkt aktiv.[116,117] Aufgrund dieser gegenseitigen Konkurrenz soll das Modell des niederländischen Mindestlohnes ebenfalls betrachtet werden. Als negatives Beispiel für die Einführung von Mindestlöhnen wird dagegen der SMIC, der französische Mindestlohn, genannt. Dessen Einführung und Ausgestaltung soll hier ebenfalls dargestellt werden.[118] Nachdem 2007 Bulgarien und Rumänien der Europäischen Union beigetreten sind, haben nun 20 von 27 Ländern einen gesetzlichen Mindestlohn. Die große Verbreitung von Mindestlöhnen in Europa ist eines der Hauptargumente der Befürworter.[119] Zum Schluss folgt ein kurzer Überblick über die Höhe der Mindestlöhne innerhalb der Europäischen Union.

4.3.1 Der Mindestlohn in Großbritannien

Die Geschichte des britischen Mindestlohnes hat ihren Ursprung im Jahre 1891 mit der sogenannten Normallohnresolution. Obwohl zu der Zeit die Verpflichtung zum Voluntarismus bestand, gab es jedoch Einigkeit darüber, dass der Staat die Arbeiter

---

[112] Vgl. Siebe (2006), S. 252 ff.
[113] Vgl. Garloff et al. (2011), S. 9
[114] Vgl. Bispink et al. (2008), S. 151 ff
[115] Vgl. Bosch et al. (2006), S. 128 ff.
[116] Vgl. ITA Consulting und WIK Consult (2009), S. 50
[117] Vgl. Schulten (2007)
[118] Vgl. Neumark et al. (2006)
[119] Vgl. Raddatz et al. (2007)

im Niedriglohnsektor vor Ausbeutung schützen sollte. Die 1891 beschlossene Resolution stellte dabei kein Gesetz im engeren Sinne dar, sondern lediglich eine Stellungnahme des Parlamentes. Diese sah vor, dass jeder potenzielle Lieferant der Regierung, die von der Industrie- und Handelsbranchen vorherrschenden Lohnbedingungen einhalten sollte. Andererseits hätten diese sonst keine Möglichkeiten mehr sich um Regierungsaufträge zu bewerben. Da es bis zu diesem Zeitpunkt allerdings kein adäquates Mittel gab, um der Gefahr der Ausbeutung in der Privatwirtschaft zu begegnen, wurde 1909 ein System von Tarifausschüssen (später Tarifkommission) eingeführt. Diese bestanden aus Vertretern der Arbeitgeber, Gewerkschaften und einiger unabhängigen Repräsentanten. Das Ziel der Politik war die Abschaffung der Tarifausschüsse sollten die Gewerkschaften stark genug sein, um reguläre Tarifverhandlungen zu führen. Allerdings war der Anreiz für die Arbeiter einer Gewerkschaft beizutreten sehr gering, da sie ja schon unter dem Schutz der Tarifausschüsse standen.[120]

1946 schlug sich diese Resolution von 1891 im Entwurf des Grundsatzes Nr. 94 der International Labor Office[121] nieder. Die Labor Regierung von 1974 bis 1979 wandelte die Tarifkommission in gesetzliche gemeinsame Industrieräte um. Die Tarifkommission bestand nun nur noch aus Arbeitgebern und Gewerkschaften und sollte eine Vorstufe zu freien Tarifverhandlungen darstellen.[120]

1983 wurde der seit 1891 bestehende Konsens durch die Thatcher-Regierung allerdings wieder aufgehoben, nach der die öffentliche Beschaffungspolitik zur Förderung von angemessenen Beschäftigungsstandards beitragen sollte. Die Begründung war, dass die Tarifkommission den Preis der Arbeit über das Grenzprodukt hinaus erhöhe und daher Arbeitslosigkeit zur Folge hätte. Diese Entscheidung war von weitreichender Bedeutung, da die Unternehmen dies als Signal deuteten, dass die Förderung der von Tarifverhandlungen nun nicht mehr das Ziel der Politik sei. 1986 wurde zudem der Geltungsbereich der Tarifkommission geändert. Arbeiter unter 21 Jahren fielen nun nicht mehr unter den Geltungsbereich der Tarifkommission. Die Maßnahmen der Thatcher-Regierung führten aus Sicht der Gewerkschaften zum Einen dazu, dass die Effizienz der Tarifverhandlungen verhindert würde und zum Anderen, dass die Ungleichheit bei der Einkommensverteilung weiter zunehmen würde. Dies führte zu einer breiten gewerkschaftlichen Unterstützung des „National Minimum Wage" – des National einheitlichen Mindestlohnes. Dieser sollte die Hälfte des durchschnittlichen männlichen Arbeitseinkommens betragen. Mit dieser

---

[120] Vgl. Coats (2004), S. 4 ff.

[121] International Labor Office = Arbeitsbestimmungen in staatlichen Kontrakten (Coats (2004), S. 4)

Forderung zog auch die Labour Party in den Wahlkampf von 1992 ein. Die Konservative Partei kritisierte insbesondere die Berechnung der Hälfte des durchschnittlichen männlichen Arbeitseinkommens. Die Formel wurde folgendermaßen konstruiert: Der durchschnittliche Wochenlohn einschließlich Überstunden dividiert durch die durchschnittliche Wochenarbeitszeit abzüglich Überstunden. Man teile diesen Betrag anschließend durch zwei und erhält den NMW. Offensichtlich ist in dieser Formel, dass die Überstunden auf der Verdienstseite eingerechnet wurden, aber auf der Seite der Arbeitsstunden nicht berücksichtigt sind. Aufgrund dieser äußerst zweifelhaften Berechnung konnte die Labour Party keinen Vorteil im Wahlkampf aus dieser Debatte ziehen. Die Konservative Partei um John Major konnte die Wahl schließlich für sich entscheiden und schaffte in ihrer zweiten Amtszeit 1993 die Tarifkommission endgültig ab. Im Wahlkampf 1997 wurde die Forderung nach einem Mindestlohn allerdings zu einem Vorteil für die Labour Party. Dies lag auch vor allem daran, dass man die bisherige „Mindestlohnberechnungsformel" aufgab und stattdessen eine Low Pay Commission (LPC) zur Festlegung eines Mindestlohnes einsetzte.[122]

Diese bestand aus drei Vertretern der Arbeitgeber, drei Vertretern der Gewerkschaften und zwei unabhängigen Mitgliedern. Hierdurch konnte zum Einen die Kritik der Konservativen Partei und zum Anderen die der Arbeitgeber entgegengewirkt werden, da diese an der Bildung des Mindestlohnes aktiv mitwirken konnten. Von Bedeutung waren Studien einiger Ökonomen, darunter insbesondere die einflussreiche Untersuchung von David Card und Alan Krüger aus dem Jahr 1995. Diese kamen zu dem Ergebnis, dass die Wirkungen von Mindestlöhnen komplett gegenteilig zu denen waren, von der man zuvor auf Basis der neoklassischen Theorie ausgegangen war. Demnach gab es keine negativen Auswirkungen auf die Beschäftigungswirkung. Weiterhin wirkten Mindestlöhne sogar beschäftigungsfördernd, da diese besonders Frauen zur Arbeitsaufnahme ermuntern würden.[123] Die Wahlen im Jahr 1997 konnte die Labour Party für sich entscheiden. In der ersten Sitzung der ersten Amtszeit wurde die Gesetzgebung zum Nationalen Mindestlohn vorgelegt. Die LPC wurde zudem nach ihrem ersten Report auf eine gesetzliche Grundlage gestellt. Umstritten war jedoch der Geltungsbereich des Mindestlohnes. Der Grund dafür war, dass es Anzeichen aus anderen Ländern mit Mindestlöhnen gab, nachdem die Einführung dieser mit einer Erhöhung der Jugendarbeitslosigkeit einhergehen würde.[124]

---

[122] Vgl. Coats (2004), S. 7 ff.

[123] Vgl. Croucher (2005), S. 97

[124] Vgl. Coats (2004), S. 8 ff.

4 Die Diskussion um die Einführung des Postmindestlohnes

Übersicht der Mindestlöhne in Großbritannien			
Gültig ab	**Lohnsatz Erwachsene (21+)**	**Lohnsatz Jugendliche (18-20)**	**Lohnsatz Jugendliche (16-17)**	**Lohnsatz Auszubildende**
01. Okt 11	£6,08	£4,98	£3,68	£2,60
01. Okt 10	£5,93	£4,92	£3,64	£2,50
Gültig ab	**Lohnsatz Erwachsene (22+)**	**Lohnsatz Jugendliche (18-21)**	**Lohnsatz Jugendliche (16-17)**	**Lohnsatz Auszubildende**
01. Okt 09	£5,80	£4,83	£3,57	-
01. Okt 08	£5,73	£4,77	£3,53	-
01. Okt 07	£5,52	£4,60	£3,40	-
01. Okt 06	£5,35	£4,45	£3,30	-
01. Okt 05	£5,05	£4,25	£3,00	-
01. Okt 04	£4,85	£4,10	£3,00	-
01. Okt 03	£4,50	£3,80	-	-
01. Okt 02	£4,20	£3,60	-	-
01. Okt 01	£4,10	£3,50	-	-
01. Okt 00	£3,70	£3,20	-	-
01. Apr 99	£3,60	£3,00	-	-

Tab. 4: Die Entwicklung der Mindestlöhne in Großbritannien
Quelle: Lowpay Commission (2012)

Die Regierung beschloss daher im April 1999 einen Mindestlohnsatz für Erwachsene, der ab dem Alter von 22 Jahren gelten sollte und einen niedrigeren für 18- bis 22-Jährige. 2003 wurde zusätzlich ein Mindestlohnsatz für 16- bis 17-Jährige beschlossen, sowie 2010 ein Lohnsatz für Auszubildende (siehe Tabelle 4).[124]

Von der Einführung des Mindestlohnes betroffen waren insbesondere weibliche Beschäftigte, davon insbesondere Frauen in Teilzeitbeschäftigung. 45 Prozent der Beschäftigten, die vom Mindestlohn profitierten, sind dem Hotel- und Gaststättengewerbe sowie dem Einzelhandel zuzuordnen. Kritisiert wurde der Mindestlohn im Vorfeld der Einführung u. a. als unwirksame Maßnahme gegen Armut. Allerdings ist dabei zu beachten, dass für die arbeitenden Armen der Arbeitslohn nicht die einzige Einkommensquelle ist. Diese können zusätzlich Steuergutschriften und andere Sozialleistungen erhalten. **Beispiel:** Bei einem National Minimum Wage von £ 4,20 liegt der „tatsächliche" Mindestlohn durch den ergänzenden staatlichen Einkommenstransfer bei £ 6,30. Der Mindestlohn begrenzt in diesem Fall die öffentlichen Ausgaben, um die, die Niedriglöhne subventioniert werden. Eine Analyse des LPC hat gezeigt, dass am stärksten die Haushalte durch den NMW profitieren, die zu den unteren zwanzig Prozent der Einkommensverteilung gehören. Daher diene der NMW als wirksames Mittel zur Umverteilung. Im Bereich der Beschäftigung waren minimale Auswirkungen auf das Beschäftigungsniveau zu erkennen. Einige Arbeitgeber haben die Anzahl der Arbeitsstunden reduziert, die Preise leicht erhöht oder effizienzsteigernde Maßnahmen eingeleitet, um den NMW zu kompensieren. [125,126]

Das Fazit zur Einführung des Mindestlohnes fällt sehr unterschiedlich aus. Einige Kritiker kommen zu einem positiven Ergebnis, da die befürchteten Beschäftigungsverluste ausgeblieben sind. Stattdessen haben sich die Reallöhne besonders im Niedriglohnsektor erhöht. Zudem wurden die geschlechtsspezifischen Lohnunterschiede spürbar verringert[127].

Andere Kritiker machen hingegen das Wirtschaftswachstum für die positiven Arbeitsmarktwirkungen verantwortlich. Die negativen Beschäftigungswirkungen infolge der Mindestlohneinführung wurden eben durch dieses Wachstum überkompensiert. Zudem bezogen 2008 nur 1,9 % der britischen Arbeitnehmer diesen Mindestlohn.[128] Des Weiteren sei es kaum möglich, eindeutige Aussagen über die Wirkung des britischen Mindestlohnes abzugeben. Dies ist der Tatsache geschuldet, dass es neben dem gesetzlichen Mindestlohn einen durch Sozialleistungen aufgebesserten implizierten Mindestlohn gibt.[129]

4.3.2 Der Mindestlohn in den Niederlanden

Der Niederländische Mindestlohn wurde 1968 verabschiedet und trat im Februar 1969 in Kraft. Dieser umfasste alle Arbeitnehmer zwischen 24 und 64 Jahren. Im Jahr 1970 wurde die Altersgrenze auf 23 Jahre gesenkt. Im Jahr 1974 wurde zusätzlich ein Mindestlohn für Jugendliche eingeführt. Danach hatten 15-Jährige einen Anspruch auf eine Vergütung in Höhe von 40 % des Mindestlohnsatzes für Erwachsene. Dieser Anspruch erhöhte sich pro Lebensjahr um 7,5 %. 1981 sowie 1983 wurden allerdings die Vergütungen für Jugendliche von 40 % auf 30 % abgesenkt. Der Mindestlohn galt dabei zunächst nur für alle Vollbeschäftigten.[130] Dies wurde allerdings 1983 mit der Erweiterung für geringfügige Beschäftigte sowie 1996 für Heimarbeiter geändert. Neben den Mindestlöhnen sieht das Gesetz zusätzlich ein Mindesturlaubsgeld in Höhe von 8 % vor. Die Mindestlöhne sind in den Niederlanden zwar gesetzlich vorgeschrieben, aber bei Nichteinhaltung sieht das Gesetz keine

---

[125] Vgl. Coats (2004), S. 12 ff.
[126] Vgl. Croucher (2005), S. 101
[127] Vgl. König et al. (2008), S. 14
[128] Vgl. Blum et al (2008), S. 4
[129] Vgl. Hartwich (2008)
[130] Unter Vollbeschäftigten sind alle Arbeitnehmer zu verstehen, deren Arbeitszeit ein Drittel der Normalarbeitszeit überschreitet. (Burges et. al (2003) S. 45)

Strafen für Unternehmen vor.[131] Seit 1991 wird die Anpassung der Mindestlöhne (sowohl nach unten als auch nach oben) geprüft. Die Entwicklung ist dabei an die gesamtwirtschaftliche Entwicklung der Tariflöhne gekoppelt. Bemerkenswert ist dabei, dass das Gesetz zwei Vorbehaltsklauseln beinhaltet. Diese sehen eine Anpassung der Mindestlöhne als nicht erforderlich an, sollten die Tariflöhne auf ein Niveau steigen, dass als „beschäftigungsschädlich" gilt oder die Anzahl der Sozialleistungsbezieher so stark ansteigt, dass die Sozialkassen des Staates[132] zu stark belastet werden.[131]

4.3.3 Der Mindestlohn in Frankreich

Der Französische Mindestlohn SMIC (bis 1968 SMIG) wurde im Jahr 1950 als garantierter Mindestlohn eingeführt. Dieser im Gesetz festgelegte Lohnsatz durfte nicht unterschritten werden und gilt für alle Arbeitnehmer, mit Ausnahme von Jugendlichen, mit weniger als sechs Monaten Berufserfahrung sowie für Behinderte für die andere Vorschriften gelten. 16- bis 17-Jährige erhalten 80 % und 17- bis 18-Jährige 90 % des fest regulären SMIC-Satzes.[133] Dessen Anpassung wurde im Jahr 1953 an die Kosten für einen genau definierten Haushalt bzw. im Jahr 1957 an den allgemeinen Preisindex für Familien mit geringem Einkommen gebunden. Vom Jahr 1966 wurde er dann an den Verbraucherpreisindex gekoppelt. In dem Zeitraum von 1950 bis 1967 stiegen die Durchschnittsgehälter deutlich kräftiger als der SMIG. Aufgrund dieser geringeren Lohnsteigerungen, ging der SMIG im Verhältnis zum Durchschnittsverdienst von 56 % auf 34 % zurück.[134]

Die politische Reaktion hierauf war eine Anhebung des Mindestlohnes zum 1. Juni 1968 um 35 %. Des Weiteren wurde das Versagen der bisherigen Mindestlohnregelungen eingeräumt, infolgedessen werde der SMIG durch den SMIC ersetzt. Aufgrund dieser Änderung wurde auch ein Richtungswechsel des Mindestlohnes vollzogen. Galt der SMIG noch als Lohngarantie, so sollte der SMIC darüber hinaus als ein wachstumsorientierter Mindestlohn gelten. Dieser sollte vor allem den am niedrigsten bezahlten Arbeitnehmern eine Kaufkraftgarantie bieten und diese am gesamtwirtschaftlichen Erfolg beteiligen. Der SMIC wurde daher nach dem Gesetz von 1970, nicht nur an die entsprechende Preisentwicklung angepasst, sondern vor allem auch an das reale Arbeitseinkommen. Um hohe Arbeitskosten zu verhindern, wurden

---

[131] Vgl. Burges et al. (2003), S. 44 ff.

[132] Die meisten Sozialleistungen sind an den Mindestlohn gekoppelt (Burges et. al (2003) S. 45)

[133] Vgl. Burges et al. (2003), S. 62

[134] Vgl. Burges et a. (2003), S. 61 ff.

zugleich mit der Festlegung von Mindestlöhnen auch Arbeitskosten senkende Maßnahmen, mit dem Ziel negative Beschäftigungspolitische Effekte aufzufangen, eingeführt. In Frankreich können z. B. Arbeitgeber bei Arbeitsentgelten bis zum 1,6-fachen des gesetzlichen Mindestlohnes deutlich reduzierte Beiträge an die Sozialversicherung abführen bzw. sofern Arbeitslose eingestellt werden, werden die Unternehmen sogar für die Dauer von zwei Jahren vollständig bis zur Höhe des Arbeitsentgeltes des Mindestlohnes von den Sozialversicherungsbeiträgen befreit.[135] Bei der Nichteinhaltung der Mindestlohnregelungen drohen in Frankreich neben Geldstrafen auch Gefängnisstrafen.[136]

Im Hinblick auf die Beschäftigungswirkung kommen viele Studien zu dem gleichen Ergebnis, dass sich der Mindestlohn, trotz der eingeleiteten Arbeitskosten senkenden Maßnahmen, negative Auswirkungen auf die Beschäftigung hat. Ebenfalls besteht Einigkeit darüber, dass hiervon insbesondere jüngere Arbeitnehmer betroffen sind.[137]

4.3.4 Die gesetzlichen Mindestlöhne in Europa

Innerhalb der Europäischen Union lassen sich 20 Länder mit einem gesetzlichen Mindestlohn in drei verschiedene Gruppen einteilen. In der ersten Gruppe sind dabei die Länder mit relativ hohen gesetzlichen Mindestlöhnen zu finden. Diese Gruppe wird dabei von Luxemburg mit einem gesetzlichen Mindestlohn von 10,41 Euro angeführt. Es folgen Frankreich mit 9,22 Euro, die Niederlande mit 8,88 Euro, Belgien mit 8,75 Euro, Irland mit 8,65 Euro sowie Großbritannien mit 7,01 Euro. Die Zweite Gruppe besteht aus Ländern, deren gesetzlicher Mindestlohn eine Bandbreite von 2,10 bis 4,41 Euro umfasst. Dieses sind Slowenien, Griechenland, Malta, Spanien, Portugal und Polen. In der letzten Gruppe mit relativ niedrigen gesetzlichen Mindestlöhnen von unter zwei Euro, sind überwiegend Länder aus Mittel- und Osteuropa zu finden. Diese sind Tschechien, Ungarn, Slowakei, Estland, Lettland, Litauen, Rumänien und Bulgarien. Bei den beiden letztgenannten Ländern liegen die gesetzlichen Mindestlöhne sogar unter einem Euro (siehe hierzu auch Tabelle 5).[138]

Um eine Aussage über die Höhe der Mindestlöhne treffen zu können, ist es von Bedeutung zu wissen, welche Stellung dieser absolute Mindestlohnbetrag im natio-

---

[135] Vgl. Bundesvereinigung der Deutschen Arbeitgeberverbände (2011)
[136] Vgl. Burges et al. (2003), S. 67
[137] Vgl. Burges et al. (2003), S. 77
[138] Vgl. Schulten (2012), S.124 ff.

nalen Lohngefüge einnimmt. Dies wird mittels des Kaitz-Index[139] vorgenommen. Dieser bringt den relativen Wert des Mindestlohnes statistisch als Prozentsatz im Verhältnis zum nationalen Durchschnittslohn zum Ausdruck (siehe hierzu Tabelle 5). Nach diesem Verfahren können die Länder wiederum in drei Cluster eingeteilt werden. In dem ersten Cluster sind die Länder zu finden, deren relativer Wert des Mindestlohnes mehr 40 % des Durchschnittslohnes beträgt. Dies sind die Länder Frankreich, Slowenien, Belgien, Irland, Niederlande und Lettland. Das zweite und größte Cluster berücksichtigt die Länder, deren Wert zwischen 30 und 40 % liegt. Im dritten Cluster findet sich nur die Tschechische Republik mit 29 % wieder. Wird nun berücksichtigt, dass die Niedriglohnschwelle bei ca. 60 % des Median- bzw. bei 50 % des Durchschnittslohnes liegt, kann davon gesprochen werden, dass in der Mehrzahl der Länder ein „Armutslohn" als Mindestlohn festgeschrieben wurde.[140] Die absoluten Mindestlohnbeträge sind allerdings nicht vergleichbar, da diese je nach Land einer unterschiedlichen Kaufkraft gegenüberstehen. Dieses wiederum ist auf das unterschiedliche nationale Preisniveau und die daraus resultierende Lebenshaltungskosten zurückzuführen. Um die Preisniveaus trotzdem miteinander vergleichen zu können, ist es erforderlich, die Mindestlöhne zusätzlich in Kaufkraftstandards[141] (KKS) umzurechnen (siehe hierzu auch Tabelle 5)[138]. Die Niveauunterschiede spiegeln nun das tatsächliche Lohn- und Wirtschaftsgefälle zwischen den Staaten wieder.[142]

---

[139] Kaitz-Index, benannt nach dem amerikanischen Ökonomen Hyman Kaitz (Schulten (2012), S. 27)

[140] Vgl. Schulten (2012), S. 128 ff.

[141] Unter der dem Begriff Kaufkraftstandards ist eine fiktive Währungseinheit zu verstehen, die die Kaufkraftunterschiede und die Preisniveaus auflöst (z.B. zwischen zwei Ländern) um die Ergebnisse miteinander vergleichbar zu machen. (Eurostat (2008))

[142] Vgl. Schulten (2012), S.126 ff.

4 Die Diskussion um die Einführung des Postmindestlohnes

Land	Jugend- arbeitslosigkeit, saisonbereinigt [1] (Stand 2012)	Gesetzliche Mindestlöhne pro Stunde (Stand 2012)	Entspricht nach Umrechnung in KKS [2]	Mindestlöhne in Prozent zum Durchschnittslohn Beschäftigten in Vollzeit (Stand 2010) [4]
EU-27 Ø	22,4%	k. A.	k. A.	k. A.
Belgien	21,2%	8,75 €	7,95 €	45%
Bulgarien	28,2%	0,80 €	1,62 €	k. A.
Dänemark	14,6%	Kein flächendeckender Mindestlohn		
Deutschland	7,8%	Kein flächendeckender Mindestlohn		
Estland [3]	25,1%	1,80 €	2,34 €	34%
Finnland	20,1%	Kein flächendeckender Mindestlohn		
Frankreich	23,3%	9,22 €	8,23 €	48%
Griechenland [3]	48,1%	4,34 €	4,77 €	33%
Großbritannien [3]	22,2%	7,01 €	7,48 €	38%
Irland	29,6%	8,65 €	6,71 €	44%
Italien	31,1%	Kein flächendeckender Mindestlohn		
Lettland [3]	29,9%	1,68 €	2,27 €	40%
Litauen [3]	34,4%	1,40 €	2,13 €	37%
Luxemburg	13,9%	10,41 €	8,90 €	35%
Malta	13,8%	3,96 €	5,12 €	k. A.
Niederlande	9,0%	8,88 €	8,46 €	42%
Österreich	8,9%	Kein flächendeckender Mindestlohn		
Polen	27,5%	2,10 €	3,57 €	37%
Portugal	35,1%	2,92 €	3,32 €	39%
Rumänien [3]	23,8%	0,97 €	1,78 €	30%
Schweden	22,4%	Kein flächendeckender Mindestlohn		
Slowakei	36,0%	1,88 €	2,61 €	36%
Slowenien [3]	15,3%	4,41 €	5,36 €	48%
Spanien	49,9%	3,89 €	4,09 €	35%
Tschechien	19,8%	1,96 €	2,67 €	29%
Ungarn	27,3%	1,92 €	3,07 €	35%
Zypern [3]	27,0%	Kein flächendeckender Mindestlohn		

[1] Bezogen auf Personen in Privathaushalten im Alter von 15 bis 24 Jahren, ohne Wehrpflichtige und Zivildienstleistende

[2] Umrechnung in Kaufkraftstandards aufgrund der von der OECD für 2008 ausgewiesenen Kaufkraftparitäten des privaten Konsums

[3] Estland, Zypern, Litauen und Slowenien Stand 12/2011; Griechenland und Vereinigtes Königreich Stand 11/2011; Lettland und Rumänien Stand 09/2011

[4] Keine Daten nach 2010 verfügbar

Tab. 5: Mindestlöhne und Jugendarbeitslosigkeit in Europa
Quelle: Eigene Darstellung in Anlehnung
an Eurostat/OECD und Mindestlohndatenbank (2012)

Trotz der weiten Verbreitung von Mindestlöhnen in Europa sind Mindestlöhne weiterhin heftig umstritten. Einige Studien deuten darauf hin, dass insbesondere der tendenziell hohe Mindestlohn, relativ zum Durchschnittslohn in Frankreich, mitverantwortlich für die hohe Jugendarbeitslosigkeit ist[143]. Eine weitere Studie aus dem Jahr 1982 kommt zu dem Ergebnis, dass eine Erhöhung des Mindestlohnes um 10% gleichzeitig die Beschäftigung von Jugendlichen um 1-3% reduziert.[144] Während in Großbritannien und den Niederlanden nur ca. 2 % der Arbeitnehmer von den Mindestlohnregelungen betroffen sind, fallen in Frankreich rund 16,8 % der Beschäftigten unter diese Regelung. Aufgrund seiner Höhe entfaltet er nun eine bindende Wirkung und vernichtet daher sogar Arbeitsplätze. Betroffen hiervon sind insbesondere Jugendliche, die noch gering qualifiziert sind. Begünstigt wird dieser Umstand wenn neben dem Mindestlohn zusätzlich entsprechende für die Arbeitnehmer günstige Kündigungsschutzregelungen vorhanden sind.[145]

Der Postmindestlohn im Vergleich zu den gesetzliche Mindestlöhnen in Europa 2008[1)]			
Postmindestlohn[2)]		9,00 € / 9,80 €	
EU-27 Ø	k.A.	Luxemburg	9,30 €
Belgien	8,41 €	Malta	3,55 €
Bulgarien	0,65 €	Niederlande	8,33 €
Dänemark	3)	Österreich	3)
Deutschland	3)	Polen	1,92 €
Estland	1,61 €	Portugal	2,55 €
Finnland	3)	Rumänien	0,79 €
Frankreich	8,71 €	Schweden	3)
Griechenland	3,80 €	Slowakei	1,54 €
Großbritannien	6,91 €	Slowenien	3,28 €
Irland	8,65 €	Spanien	3,59 €
Italien	3)	Tschechien	1,97 €
Lettland	1,34 €	Ungarn	1,61 €
Litauen	1,34 €	Zypern	3)
1) Berechnungen von nationalen Währungen in Euro auf der Basis des Wechselkurses vom 10. Juni 2008			
2) Mindestlohn für Briefzusteller in Ost- bzw. Westdeutschland			
3) Keine flächendeckenden gesetzlichen Mindestlöhne vorhanden			

Tab. 6 Der Postmindestlohn im Vergleich zu den gesetzlichen Mindestlöhnen in Europa
Quelle: WSI – Mindestlohndatenbank (2008)

In der Tabelle 6 wird nun der Postmindestlohn mit den gesetzlichen Mindestlöhnen der Europäischen Union aus dem Jahr 2008 verglichen. Dadurch wird deutlich, dass der Mindestlohn für Briefzusteller in Höhe von 9,00 bis 9,80 Euro einen Spitzenplatz im Ranking der in Europa bestehenden Mindestlohnregelungen einnimmt. Durch die Festlegung dieser hohen Mindestlöhne wird ein Markteintritt auch für ausländische

---

[143] Vgl. Neumark et al. (2006)

[144] Vgl. Brown et al. (1982), S. 34 ff.

[145] Vgl. Siebert (2008)

Unternehmen unattraktiv bzw. erschwert. Aufgrund ihrer Höhe sind die Mindestlöhne daher als eine bedeutsame Markteintrittsbarriere zu sehen. Die Auswirkungen dieser Marktabschottung sind dabei insbesondere negative Folgen für die Dynamik des Wettbewerbes, diese werden nun in Kapitel 5 untersucht.[146]

5 Auswirkungen des Postmindestlohnes

5.1 Beschäftigungseffekte des Postmindestlohnes

Die Diskussion um die Auswirkungen infolge der Postmindestlöhne ist nicht weniger umstritten wie dessen Einführung. In diesem Kapitel werden nun einige Ergebnisse von Studien dargestellt, die die Auswirkungen des Postmindestlohnes analysiert haben.

Das Bundesministerium für Wirtschaft und Technologie gab bei dem Rheinisch-Westfälischen Institut für Wirtschaftsforschung hierzu eine Studie in Auftrag. Es wurden hierbei die konkreten Auswirkungen des Postmindestlohnes auf den Arbeitsmarkt bzw. auf die Beschäftigung untersucht. Die Untersuchung wurde über einen zweieinhalbwöchigen Zeitraum im Februar 2008 telefonisch durchgeführt. Die Stichprobe umfasste 315 Unternehmen des Bereiches Briefdienstleistungen. Bei 113 Unternehmen konnte hierbei ein vollständiges Interview durchgeführt werden. Es wurden jeweils die Führungskräfte der Unternehmen befragt.[147]

Es zeigte sich, dass 82,8 % der Befragten die Einführung dieses Mindestlohnes nicht befürwortet haben. Des Weiteren wurden die Unternehmen nach der Wirkung des Mindestlohnes im Hinblick auf die wirtschaftliche Lage ihres Unternehmens befragt. Dabei sollten zwischen unmittelbarer und langfristiger Wirkung unterschieden werden. Wie in Abbildung 14 dargestellt, berichtet der überwiegende Anteil (69,7 %) der Unternehmen, dass sich die unmittelbare wirtschaftliche Lage dadurch verschlechtert hat. Bei der langfristigen Einschätzung ergibt sich ein ähnliches Bild. Auch hier schätzen immer noch fast zwei Drittel der befragten Unternehmen die wirtschaftliche Lage als etwas bzw. viel schlechter ein.[148]

---

[146] Vgl. Wein (2009) S. 22
[147] Vgl. RWI Essen (2008), S. 8 ff.
[148] Vgl. RWI Essen (2008), S. 17 ff.

5 Auswirkungen des Postmindestlohnes

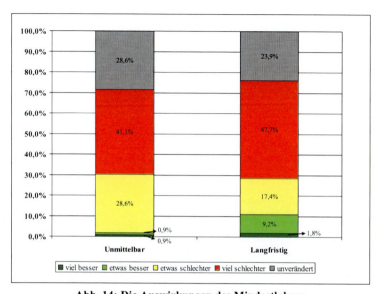

**Abb. 14: Die Auswirkungen des Mindestlohnes
auf die wirtschaftliche Entwicklung der Unternehmen**
Quelle: Eigene Darstellung, in Anlehnung an RWI Essen (2008), S. 17

Die Unternehmen wurden außerdem danach befragt wie sie auf die Einführung des Mindestlohnes reagiert haben bzw. noch reagieren werden. Hierbei sollte ebenfalls zwischen der kurz- und der langfristigen Reaktion (in den nächsten 12 Monaten) unterschieden werden. Insbesondere ist bei der kurzfristigen Reaktion festzustellen, dass die Unternehmen eine Erhöhung der Preise als keine geeignete Anpassungsmöglichkeit ansehen. Stattdessen werden andere Kompensationsmaßnahmen eingeleitet, insbesondere geringere Investition sowie die Steigerung der Produktivität (siehe Tabelle 7).

Dies deutet darauf hin, dass die Unternehmen wenig Spielraum haben, die höheren Personalkosten infolge des Mindestlohnes an die Kunden weiterzugeben. Bei der langfristigen Perspektive wurde zudem verstärkt eine Veränderung des Beschäftigtenmix als Maßnahme genannt. Hierzu berichten die Unternehmen, dass es neben der generellen Tendenz zum Stellenabbau vor allem Vollzeitstellen von der Reduktion betroffen sind.[149]

---

[149] Vgl. RWI Essen (2008), S. 19 ff.

Reaktionen der Unternehmen auf die Einführung des Mindestlohnes

Maßnahme	Kurzfristig*		Langfristig*	
	Absolut	Prozent	Absolut	Prozent
Erhöhung der Preise	15	13,3%	41	36,3%
Steigerung der Produktivität	40	35,4%	56	49,6%
Anpassung Beschäftigungsmatrix	36	31,9%	61	54,0%
Geringere Investition	58	51,3%	63	55,8%
Veränderung der Kooperationspartner	27	23,9%	35	31,0%
Veränderung des Vergütungssystems	32	28,3%	45	39,8%

* Mehrfachnennungen möglich

Tab. 7: Reaktionen auf die Einführung des Mindestlohnes
Quelle: Forsa Erhebung Nr. 8345, RWI Essen (2008), S. 19

Abschließend wurden die Unternehmen befragt, wie sich der Personalbestand infolge der Mindestlohneinführung verändert hat. Dabei gaben 30,1 % der Unternehmen an bereits Stellen abgebaut zu haben. Bei 66,4 % gab es keine Veränderung und 3,5 % haben bereits neue Stellen geschaffen. Nach Quantifizierung dieser Zahlen bedeutet dies konkret, dass kurzfristig in 4 Unternehmen 14 Stellen geschaffen wurden, während gleichzeitig in 34 Unternehmen 755 Stellen weggefallen sind. Langfristig rechnen jedoch 52,8 % der Unternehmen mit einem Stellenabbau, was eine Reduzierung von 1771 Arbeitsplätzen zur Folge hätte.

Neben der Studie des RWI Essen wurde eine weitere Studie durch die Input-Consulting im Auftrag der Dienstleistungsgewerkschaft Verdi erstellt. Die Ergebnisse dieser Studie unterscheiden sich dabei von denen des RWI Essen. In dieser Studie wurde festgestellt, dass nur wenige Firmen außerhalb des Arbeitgeberverbandes Postdienste den Mindestlohn auch tatsächlich gemäß Postmindestlohnverordnung zahlen. Als Ursache hierfür wurden die in hohem Maße durchgeführten Begrenzungs-, Neutralisierungsstrategien sowie Umgehungsstrategien einiger Unternehmen angeführt.[150] So schloss zum Beispiel die TNT Post Deutschland einen alternativen Mindestlohntarifvertrag mit der kurz zuvor neu gegründeten Gewerkschaft GNBZ ab. Danach sollten die Mindestlöhne im Osten bei 6,50 Euro und im Westen bei 7,50 Euro liegen.[151] Ungeachtet der begrenzten Anwendung der Mindestlohnverordnung konnten dennoch positive Effekte in der Lohnentwicklung der Lizenznehmer festgestellt werden. Während der Geltungsdauer der Mindestlohnverordnung wurden Löhne auf einem Niveau gezahlt, nach denen ein Aufstocken mit dem ALG II nicht mehr erforderlich war. Dieses sei unter anderem auf die öffentliche Debatte zur

---

[150] Vgl. Input Consulting (2010), S. 80 ff.
[151] Vgl. Mechnig (2007)

Einführung der Postmindestlöhne und der damit einhergehenden erhöhten Aufmerksamkeit der Öffentlichkeit zurückzuführen. Der Lohnkostenvorteil der Wettbewerber gegenüber der DPAG wurde entgegen der Befürchtungen kaum reduziert. Dieser lag im Jahr 2008 bei 37,1 % (Vorjahr 40%). Dies wiederum sei auf die Tariferhöhung bei der DPAG im Jahr 2008 zurückzuführen. In der Diskussion um die Einführung der Postmindestlöhne wurde die Insolvenz der PIN-Group im Rahmen der Mindestlohndebatte als Paradebeispiel für die negativen Wirkungen von Mindestlöhnen genannt. Allerdings sind diese nachweislich nicht auf den Mindestlohn sondern auf Missmanagement und strategische Fehleinschätzungen der Eigentümer zurückzuführen.[150] Ein Beleg hierfür seien die veröffentlichten Jahresabschlüsse einiger PIN Gesellschaften zum 31. Dezember 2007. Demnach waren bereits einige Gesellschaften schon vor Inkrafttreten der Mindestlohnverordnung bilanziell überschuldet.[152] Aufgrund der eingeschränkten Anwendung der Mindestlohnverordnung konnten daher keine nennenswerten Effekte auf die Wettbewerbs- bzw. Beschäftigungssituation festgestellt werden.[153]

5.2 Die Auswirkungen des Mindestlohnes auf den Wettbewerb im Postmarkt

Nach Ansicht der Monopolkommission[154] stellt der Mindestlohn eine Markteintrittsbarriere dar, die vom Umfang her mit der Exklusivlizenz vergleichbar ist, die die DPAG bis zum 31. Dezember 2007 besaß (siehe auch Kapitel 4.2). Diese behindere den funktionsfähigen Wettbewerb und hat sich bereits als Wettbewerbshindernis erwiesen. Des Weiteren kritisierte die Monopolkommission das Zustandekommen des Mindestlohntarifvertrages. Die wichtigsten Wettbewerber der DPAG seien an diesen Verhandlungen nicht beteiligt gewesen. Doch selbst bei einer Beteiligung wäre es für diese kaum möglich gewesen spürbaren Einfluss zu nehmen, da die Stimmrechte nach der Satzung des Arbeitgeberverbandes Postdienste e. V. abhängig waren von den Beschäftigtenzahlen der Mitgliedsunternehmen. Aufgrund dessen konnte die DPAG den Arbeitgeberverband beliebig dominieren.

Bezogen auf die Anzahl der Lizenznehmer stellte die Bundesnetzagentur fest, dass es im 2. Halbjahr 2007 sowie im ersten Halbjahr 2008 erstmals mehr Marktaustritte als

---

[152] Vgl. Input Consulting (2010), S. 50
[153] Vgl. Input Consulting (2010), S. 82
[154] Die Monopolkommission ist ein unabhängiges Beratungsgremium der Bundesregierung auf den Gebieten der Wettbewerbspolitik und Regulierung. (Monopolkommission (2012))

neu erteilte Lizenzen gab.[155] Infolge der Einführung dieses Mindestlohnes stoppten die TNT Post und die Hermes Logistik Gruppe ihre Pläne für den Ausbau ihres eigenen Netzes von Briefannahmestellen in Deutschland.[156] Ursprünglich hatten diese millionenschwere Investitionen sowie Neueinstellungen geplant, um ein neben der Post zweites flächendeckendes Angebot an Postdienstleistungen zur Verfügung stellen zu können. Dadurch sollte ein besseres Serviceangebot zu günstigeren Preisen entstehen.[157] Die bereits vorhandenen 13.500 Paketshops sollten demnach ursprünglich zu Briefannahmestellen ausgebaut werden. Der Geschäftsführer der TNT Post Deutschlands, Mario Frusch, bezeichnete die Einführung der Mindestlöhne in Deutschland als klare Niederlage für den Standort Deutschland.[158]

Mit dem endgültigen Wegfall der bisherigen Exklusivlizenz der DPAG zum 1. Januar 2008 sollte ein chancengleicher Wettbewerb auf dem Postmarkt ermöglicht werden. Allerdings konnte die positive Wettbewerbsentwicklung der letzten Jahre, die durch die vorausgegangen Liberalisierungsschritte ermöglicht wurden, nicht fortgesetzt werden. Zu beobachten war stattdessen eine Stagnationsphase infolge der Unsicherheiten im Markt.[159] Diese Entwicklung schlägt sich auch in den Zahlen der von der Bundesnetzagentur durchgeführten Marktuntersuchung nieder. Während die DPAG seit 1999 jedes Jahr Marktanteile verloren hat, konnte diese im Jahr 2008 erstmalig wieder Marktanteile zurückgewinnen (siehe Tabelle 6).

Marktanteil im Lizenzpflichtigen Bereich bezogen auf die Umsätze		
Jahr	DPAG	Lizenznehmer
1999	98,7%	1,3%
2000	98,3%	1,7%
2001	97,6%	2,4%
2002	97,0%	3,0%
2003	96,1%	3,9%
2004	94,7%	5,3%
2005	92,4%	7,6%
2006	89,3%	10,7%
2007	88,7%	11,3%
2008	89,3%	10,7%

Tab. 8: Marktanteile im Briefmarkt von 1999 - 2008
Quelle: Eigene Darstellung, in Anlehnung an Bundesnetzagentur (2010), S. 27

---

[155] Vgl. Bundesnetzagentur (2010), S. 35
[156] Vgl. Monopolkommission (2009), S. 56 ff.
[157] Vgl. Özgenc (2007)
[158] Vgl. Astheimer et.al. (2007)
[159] Vgl. Bundesnetzagentur (2009), S. 124

Der Marktanteil der DPAG auf den Gesamtumsatz bezogen lag 2007 noch bei 88,7 %. Im Jahr 2008 stieg dieser um 0,6 % auf 89,3 % leicht an.[160]

6 Kombilöhne als verteilungspolitische Alternative zum gesetzlichen Mindestlohn

6.1 Das Modell der negativen Einkommenssteuer

Mit der Einführung der Postmindestlöhne wurde ein administrativer Eingriff in den Preismechanismus des Arbeitsmarktes vorgenommen (vgl. Kapitel 2.3). Dieser Eingriff, wie in Kapitel 3 dargestellt, war verteilungspolitisch motiviert. Die Einführung dieser Regelung hatte allerdings negative Auswirkungen auf die Wettbewerbsentwicklung im Briefmarkt zur Folge (siehe Kapitel 5). Da Mindestlöhne die Möglichkeiten der Preisbildung eingrenzen, können diese zu einer größeren Lohnstarrheit führen und bewirken dann wiederum, dass ein großer Anteil der erwerbsfähigen Beschäftigten aus dem Arbeitsmarkt gedrängt wird. Um die Umverteilungsziele dennoch mit dem Ziel der Vollbeschäftigung in Einklang zu bringen, wurde unter Anderem das Modell der negativen Einkommensteuer entwickelt. Zur Erläuterung dieses Modells ist in der Abbildung 15 der Arbeitsmarkt in vereinfachter Form dargestellt. Dieser ist durch eine **fallende Nachfragekurve** und ein **fixes Arbeitsangebot** gekennzeichnet. Die **Erwerbsfähigen (N)** stellen dabei alle Arbeitskräfte dar, die dem Arbeitsmarkt derzeit zur Verfügung stehen. Sichergestellt werden soll zudem, dass jeder Arbeitnehmer ein **Mindesteinkommen** in Höhe von b erhält. Im deutschen System setzt sich dieses aus dem Arbeitslosengeld II und den Unterhaltskosten zusammen. Aus Gründen der Vereinfachung soll nun angenommen werden, dass der Reservationslohn[161] auch dem Mindesteinkommen entspricht. Die Anzahl der **Erwerbstätigen (L_0)** erhalten auf dem Arbeitsmarkt den nach unten starren Lohnsatz w, dieser liegt über dem markträumenden Lohnsatz w_0. Zu dem Lohnsatz w werden die Unternehmen daher nun genau L_0 Arbeiter einstellen. Da unterhalb des Reservationslohnes niemand bereit ist, Arbeit anzunehmen, entsteht die Arbeitslosigkeit in Höhe von $N - L_0$.

---

[160] Vgl. Bundesnetzagentur (2010), S. 27

[161] Der Reservationslohn ist der Lohnsatz, zu dem Arbeitnehmer überhaupt erst bereit sind Arbeit anzunehmen. Dieser wird in der Regel allerdings tatsächlich über dem Mindesteinkommen liegen. (Schöb et al. (2006) S. 102)

Um nun das Ziel der Vollbeschäftigung zu erreichen, müssen jedoch die Löhne auf **w₀** abgesenkt werden. Allerdings steht dieses im Widerspruch zu dem zuvor gesetzten Umverteilungsziel des Mindesteinkommens.[162]

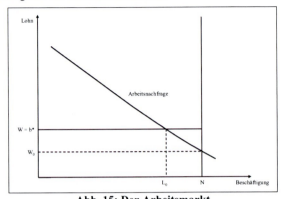

Abb. 15: Der Arbeitsmarkt
Quelle: Schöb und Weimann (2006), S. 103

Wenn der Staat nun durch die Lohnergänzung **s** in Höhe von **w – w0** zahlt, kann der Reservationslohn auf **w₀** abgesenkt werden. Da der Lohnsatz nun über dem Reservationslohn liegt, steigt die Arbeitsnachfrage auf Vollbeschäftigungsniveau. Bei flexiblen Löhnen wird sich das Lohnniveau **w₀** einstellen. Der Nettolohn der Arbeitnehmer bleibt aufgrund der Lohnergänzungsleistung jedoch konstant (siehe Abbildung 15). Gesetzliche Mindestlöhne sind in diesem Modell nicht denkbar, da diese die erforderliche Anpassung der Löhne auf ein niedriges Niveau verhindern würden.[162]

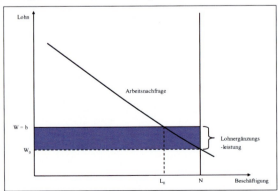

Abb. 16: Die negative Einkommenssteuer
Quelle: Eigene Darstellung in Anlehnung an Schöb und Weimann (2006), S. 103

---

[162] Vgl. Schöb et al. (2006), S. 102 ff.

6.2 Die Magdeburger Alternative

Wie im vorherigen Kapitel gesehen, stellt das Modell der negativen Einkommenssteuer eine verteilungspolitische Alternative zum Mindestlohn dar. In diesem Modell wird auf das Arbeitsangebot im Niedriglohnsektor Einfluss genommen. Begründet wird diese Vorgehensweise damit, dass aufgrund großzügiger Lohnersatzleistungen und hohen Transferentzugsraten ein Anreizproblem auf der Angebotsseite bestehe. Bei einem beträchtlichen Teil der ALG-II-Empfänger bestehen allerdings keine Anreizprobleme. Dieses zeigt sich nicht zuletzt durch die Tatsache, dass alle 390.000 Arbeitsgelegenheiten für einfache Arbeit auf freiwilliger Basis vergeben wurden, obwohl die Löhne nur geringfügig über dem Transferniveau lagen. Das Interesse nach diesen Arbeitsgelegenheiten überstieg dabei sogar deutlich das kommunale Angebot, daher ist bei diesen Menschen kein fehlender Arbeitsanreiz zu erkennen.[163] Die Magdeburger Alternative vertritt daher im Kern die These, dass einfache Arbeit liegen bleibt, weil sie zu teuer ist und nicht weil sie nicht angeboten wird. Das Problem würde sich demnach nicht auf der Angebots- sondern vielmehr auf der Nachfrageseite befinden, daher setzt dieses Modell auch dort bei den Arbeitgebern an. Die Magdeburger Alternative bewirkt im Kern eine dauerhafte Entlastung der Arbeitgeber. Sofern ein Arbeitgeber einen ALG-II-Empfänger zu einem Gehalt unter einer Förderungsgrenze einstellt, erhält dieser die gesamten Sozial-versicherungsbeiträge (Arbeitgeber- und Arbeitnehmeranteil) zurückerstattet. Aus diesem Modell ergeben sich im Vergleich zur negativen Einkommensteuer einige Vorteile (siehe Abbildung 17).

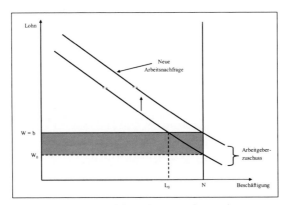

Abb. 17: Die Magdeburger Alternative
Quelle: Eigene Darstellung, in Anlehnung an Schöb und Weimann (2006), S. 104

---

[163] Vgl. Schöb et al. (2007) S. 42 ff.

Die Arbeitgeberzuschüsse implizieren eine direkte Senkung der Arbeitskosten bei den Unternehmen, die zudem unmittelbar bzw. vom ersten Tag der Einführung an wirken.[163] Durch die sinkenden Arbeitskosten erhöht sich die Arbeitsnachfrage der Unternehmen im Umfang von $N - L_0$. Den Arbeitnehmer erhalten einen Nettolohn in Höhe von **b**. Der Lohnkostenanteil der Arbeitgeber sinkt jedoch durch die Zuschüsse auf w_0.[162]

Bei dem Konzept der negativen Einkommensteuer ist die Wirkung hingegen viel indirekter und zudem zeitlich verzögert. Der Arbeitnehmerzuschuss bewirkt hier eine massive Ausweitung des Arbeitsangebotes und eine Erhöhung des Lohndrucks, durch den dann wiederum erst das Absenken der Löhne ermöglicht wird. Offen ist dabei der Zeitraum, in welchem sich dieser Anpassungsprozess vollzieht. Die Magdeburger Alternative ist zudem ein Kombilohn-Modell, das auch in Kombination mit einem Mindestlohn denkbar wäre. Sollten die Unternehmen verpflichtet werden, einen Mindestlohn zu zahlen, wird durch die Erstattung der Sozialversicherungsbeiträge ebenfalls eine Senkung der Arbeitskosten erreicht und Vollbeschäftigung ermöglicht.[163]

7 Zusammenfassung der Ergebnisse und Ausblick

Die Liberalisierung des deutschen Postmarktes wurde durch die uneinheitlichen Marktöffnungszeitpunkte innerhalb der EU erschwert. Während einige Länder darunter z. B. Deutschland und die Niederlande mit der Liberalisierung und Privatisierung des Postmarktes schon sehr weit fortgeschritten waren, konnten andere Länder ihre Marktöffnung bis 2011 bzw. 2013 verschieben. Aufgrund dieser uneinheitlichen Marktöffnungszeitpunkte entstand in Deutschland die Forderung nach Postmindestlöhnen zum Schutz vor unfairem Wettbewerb. Flankiert wurde die Argumentation von den Gewerkschaften, die aus verteilungspolitischen Motiven heraus ebenfalls Mindestlöhne forderten.

Um unfaire Wettbewerbsbedingungen auf dem Postmarkt zu verhindern, hatte dass Europäische Parlament allerdings bereits am 11. Juli 2007 eine entsprechende Richtlinie beschlossen. Danach konnten die Mitgliedsstaaten mit bereits geöffnetem Markt, anderen Staaten den Zugang zum Postmarkt verweigern, sofern diese ihren Heimatmarkt noch nicht vollständig geöffnet hatten.[45] Die Richtlinie wurde am 20. Februar 2008 verabschiedet.[164] Problematisch sind allerdings nach wie vor die Lizenzauflagen einiger Länder, die den Marktzutritt zum Postmarkt erschweren z. B.

---

[164] Vgl. Amtsblatt der Europäischen Union (2008), S. 20

Finnland. Neben den Wettbewerbsbedingungen wurden insbesondere verteilungspolitische Motive zur Einführung von Mindestlöhnen angeführt. Das Marktniveau der Stundenlöhne im Postmarkt (DPAG nicht berücksichtigt) lag im Jahr 2007 bei 7,28 Euro (Endergebnis der Vollbefragung der Bundesnetzagentur).[165]

Um die Mindestlohndebatte zu versachlichen, hatte die Bundesnetzagentur bereits am 31. Oktober 2007, also noch vor der Verordnung der Mindestlöhne, einen Zwischenbericht veröffentlicht. Demnach lag das Marktniveau der Stundenlöhne im Briefmarkt bei 7,33 €, die Stundenlöhne der DPAG lagen 2007 dagegen bei 12,13 Euro.[96] Diese können allerdings nicht der Maßstab für Mindestlöhne im Briefmarkt sein.[92] Durch die Einführung des Postmindestlohnes in Höhe von 9,00 bzw. 9,80 Euro wurden die Löhne weit über das Marktniveau hinaus angehoben. Eine erforderliche Anpassung der Löhne auf Marktniveau zur Steigerung der Effizienz war damit nicht mehr möglich.

Die Festsetzung des Mindestlohnes führte zu einer massiven Erhöhung der Arbeitskosten bei den Wettbewerbern, während hingegen die DPAG aufgrund ihrer höheren Tariflöhne hiervon nicht betroffen war. Da die Wettbewerber wie in Kapitel 4.2 dargestellt allerdings auf niedrige Löhne angewiesen sind, führte die Verordnung zu einem massiven Rückgang der Nachfrage auf dem Arbeitsmarkt für Briefzusteller. Infolgedessen reduzierte sich die Wettbewerbsintensität auf dem Briefmarkt, was sich an der Entwicklung der Marktanteile ablesen lässt.[160]

	Brief		Konzern
Jahr	Umsatz	Umsatzrendite (%)	Umsatzrendite (%)
2000	11.733	17,1%	7,3%
2001	11.707	16,7%	7,6%
2002	11.666	14,2%	6,2%
2003	11.934	17,1%	7,4%
2004	12.747	16,4%	7,8%
2005	12.878	15,8%	8,4%
2006	13.286	15,5%	6,4%
2007	15.484	12,9%	5,0%
2008	14.393	15,7%	-1,0%
2009	13.912	10,0%	0,5%
2010	13.821	8,1%	3,6%
2011	13.973	7,9%	4,6%

Tab. 9 Die Umsatzrendite des Unternehmensbereiches BRIEF von 2000 - 2011
Quelle: Monopolkommission (2011), S. 28 und DPAG (2012b)

---

[165] Vgl. Monopolkommission (2009), S. 53

Die Rendite der DPAG im Unternehmensbereiches Brief lag bis einschließlich 2008 - mit Ausnahme von 2007 - zwischen 14,2 und 17,1 %. In den Jahren von 2009 bis 2011 sank dagegen die Umsatzrendite auf nur noch 7,9%. Wie in Tabelle 9 dargestellt, trägt der Unternehmensbereich Brief nach wie vor überdurchschnittlich zum Konzerngewinn bei.

Die Mindestlohnverordnung wurde bereits im März 2008, aufgrund der Klagen der Wettbewerber von dem Verwaltungsgericht Berlin, für rechtswidrig erklärt.[9] Das Bundesarbeitsministerium ging daraufhin gegen dieses Urteil in Revision. Die Mindestlohnverordnung blieb allerdings bis zur endgültigen rechtlichen Klärung in Kraft[10]. In letzter Instanz erklärte schließlich das Bundesverwaltungsgericht Berlin im Januar 2010 die Mindestlohnverordnung ebenfalls für rechtswidrig. Das Bundesarbeitsministerium habe beim Zustandekommen der Verordnung gravierende Verfahrensfehler begangen, hieß es zur Urteilsbegründung.[166] Trotz des Urteils bleibt festzustellen, dass die Liberalisierung des deutschen Postmarktes durch die Einführung der Mindestlöhne zurückgeworfen bzw. beeinträchtigt wurde (siehe Kapitel 5). Dieses spiegelt sich durch die stagnierende Wettbewerbsentwicklung in den Jahren 2009 und 2010 wieder.[167] Ohne die Einführung eines Mindestlohnes wären die Wettbewerber vermutlich in den preissensiblen Markt für Massensendungen eingedrungen.[168] Die Monopolkommission begrüßte daher in ihrem Sondergutachten von 2011 die Beseitigung der staatlichen Einflussnahme auf die Lohnpreisbildung. Kritisch sieht die Monopolkommission dagegen weiterhin den Interessenkonflikt des Bundes. Dieser ist immer noch mit 30,5 % Anteilseigner der DPAG und zugleich Wettbewerbshüter im Postmarkt.[169]

Seit dem 01. Januar 2011 sind nun ca. 95 % der europäischen Postmärkte für den Wettbewerb geöffnet.[170] Die Marktöffnung der Länder Tschechische Republik, Griechenland, Zypern, Lettland, Litauen, Luxemburg, Ungarn, Malta, Polen, Rumänien und der Slowakai wird zum 01. Januar 2013 folgen.[171]

Die Entwicklung des Wettbewerbes im europäischen Postmarkt hängt im Wesentlichen von den Rahmenbedingungen der Mitgliedsländer ab. Um einen fairen Wettbe-

---

[166] Vgl. Die Zeit (2010)
[167] Vgl. Monopolkommission (2011), S. 11
[168] Vgl. Wein (2009), S. 22
[169] Vgl. Monopolkommission (2011), S. 18
[170] Vgl. Europäische Kommission (2012)
[171] Vgl. Euro-Lex (2012)

7 Zusammenfassung der Ergebnisse und Ausblick

werb zu gewährleisten, müssen daher identische Marktzutrittsbedingungen innerhalb der Europäischen Union etabliert werden.

Literaturverzeichnis

Amtsblatt der Europäischen Union (2008): *Richtlinie 2008/6/EG des Europäischen Parlaments und des Rates vom 20. Februar 2008 zur Änderung der Richtlinie 97/67/EG im Hinblick auf die Vollendung des Binnenmarktes der Postdienste der Gemeinschaft;* online unter; http://ec.europa.eu/internal_market/post/doc/legislation/2008-06_de.pdf; abgerufen am 08.04.12

Arbeitgeberverband Postdienste e.v. (2007): *Arbeitgeberverband Postdienste schließt Mindestlohntarifvertrag;* Pressemitteilung vom 04.09.2007

Astheimer, Sven; Bünder, Helmut; Fickinger, Nico (2007): *Post-Wettbewerber stoppen ihre Briefpläne;* in Frankfurter Allgemeine Zeitung vom 03.12.2007; Online unter; http://www.faz.net/aktuell/wirtschaft/wirtschaftspolitik/mindestlohn-post-wettbewerber-stoppen-ihre-briefplaene-1492879.html; abgerufen am 13.03.12

Bachmann, Ronald; Bauer, K. Thomas; Kluve, Jochen; Schmidt, Christoph M. (2008): *Nachtrag: Mindestlohn: Für und Wider;* Ifo Schnelldienst 10/2008 – 61. Jahrgang

Bäcker, Gerhard (2006): Was heißt hier „geringfügig"? – Minijobs als wachsendes Segment prekärer Beschäftigung; WSI – Mitteilungen 5/2006

Beutler, Annete; Kietzmann, Matthias (2007): *Focus – Endspurt in den Wettbewerb;* Ausgabe Nr. 20

Bispinck, Reihnhard; Schulten, Torsten (2008): *Aktuelle Mindestlohndebatte: Branchenlösung oder gesetzliche Mindestlöhne;* WSI-Mitteilungen 3/2008

Blum Ulrich; Hüther, Michael; Schmidt, Christoph M.; Sinn, Hans-Werner; Snower, Dennis J.; Straubhaar, Thomas; Zimmermann, Klaus F. (2008): In *Mindestlohn: Für und Wider;* Ifo – Schnelldienst; S. 3 – 4

Bosch, Gerhard; Weinknopf, Claudia (2006): *Mindestlöhne in Großbritannien – Ein geglücktes Realexperiment;* WSI – Mitteilungen 5/2006

Brandt, Torsten; Drews, Kathrin; Schulten, Thorsten (2007): *Liberalisierung des deutschen Postsektors – Auswirkungen auf die Beschäftigung und Tarifpolitik;* WSI – Mitteilungen 5/2007

Brown, Charles; Gilroy, Curtis; Kohen, Andrew (1982): The Effect of the Minimum Wage on Employment and Unemployment; Working Paper No. 846

Bundesgesetzblatt (1997): Bundesgesetzblatt Jahrgang 1997 Teil 1 Nr. 88, Ausgegeben zu Bonn am 30. Dezember 1997

Bundesnetzagentur (2007a): *Zehnte Marktuntersuchung für den Bereich der Lizenzpflichtigen Postunternehmen*

Bundesnetzagentur (2007b): *Zwischenergebnis der Abfrage zu Arbeitsbedingungen im lizenzierten Briefdienst;* Presseerklärung vom 31.10.07; online unter; http://www.bundesnetzagentur.de/SharedDocs/Downloads/DE/BNetzA/Presse/Pressemitteilungen/2007/PM20071031ArbeitsbedingungenBriefmarktId11808pdf.pdf?__blob=publicationFile; abgerufen am 28.02.12

Bundesnetzagentur (2009): *Jahresbericht 2008*, Bonn

Bundesnetzagentur (2010): *Zwölfte Marktuntersuchung für den Bereich der Lizenzpflichtigen Postunternehmen,*

Bundesvereinigung der Deutschen Arbeitsgeberverbände (2011): *Gesetzlicher Mindestlohn – vom Ausland lernen;* Online unter; http://www.bda-online.de/www/arbeitgeber.nsf/res/C5CE4B8921C272AEC12574F3002C3089/$file/Mindestlohn.pdf; abgerufen am 06.03.12

Braubach, Ursula (1992): *Deregulierung der Postdienste;* Institut- für Wirtschaftspolitik, Köln

Busch, Berthold (2001): *Deregulierung der Postmärkte in Europa;* Deutscher Institut-Verlag GmbH, Köln

Burges, Pete; Usher, Alastair (2003): *Allgemeinverbindlichkeit und Mindestlohnregelungen in Mitgliedsstaaten der EU – Ein Überblick;* Hans Böckler Stiftung; Düsseldorf

Christmann, Clemens (2004): *Liberalisierung von Monopolmärkten;* Peter Lang GmbH, Frankfurt am Main

Coats, David (2004): *Großbritanniens Nationaler Mindestlohn – Geschichte, Implementierung, und Zukunftsperspektiven;* Friederich – Eber Stiftung

Croucher, Richard (2005): *Die Einführung des britischen Mindestlohns: Ursprünge, Umsetzung und Wirkung;* aus dem Englischen übersetzt von Ingo Singer; In Heft 2 ; Lucius & Lucius Verlagsgesellschaft

Demmler, Horst (1996): *Grundlagen der Mikroökonomie,* 3. verb. Auflage R. Oldenburg Verlag GmbH München,

DPAG (2012a): Infopost national; online unter; http://www.deutschepost.de/dpag?xmlFile=link1015547_10327; abgerufen am 06.04.12

DPAG (2012b): *Überblick Unternehmensbereiche,* Online unter; http://www.dpdhl.com/reports/2011/geschaeftsbericht/konzernlagebericht/ueberblick.html; abgerufen am 09.04.12

Dieke, Kalevi Alex; Zauner Martin (2007): *Arbeitsbedingungen im Briefmarkt,* Bad Honnef

Die Zeit (2010): *Post-Mindestlohn ist gekippt;* online unter; http://www.zeit.de/wirtschaft/2010-01/post-mindestlohn-urteil; abgerufen am 09.04.12

Elsenbast, Wolfgang (2007): *Mindestlöhne im Postsektor;* Wirtschaftsdienst 2007

Engels, Dieter (1996): *Die Postreform in Deutschland – Eine Rückschau,* Verlag: W. Kohlhammer GmbH, Stuttgart,

Eurostat (2008): *Online unter:* http://europa.eu/rapid/pressReleasesAction.do?reference=STAT/08/176&format=HTML&aged=0&language=DE&guiLanguage=en; abgerufen am 06.04.12

Eurostat (2009): *online unter:* http://ec.europa.eu/internal_market/post/facts_de.htm; abgerufen am 15.02.12

Europäische Kommission (2012): *online unter:* http://ec.europa.eu/internal_market/post/legislation_de.htm; abgerufen am 09.04.12

Euro-Lex (2012): *online unter:* http://eur-lex.europa.eu/LexUriServ/LexUriServ.do?uri=CELEX:72008L0006:EN:NOT; abgerufen am 09.04.12

Frankfurter Allgemeine Zeitung (2006): *Die DPAG kämpft ums Briefmonopol?;* online unter; http://www.faz.net/aktuell/wirtschaft/f-a-z-gespraech-mit-klaus-zumwinkel-die-deutsche-post-kaempft-ums-briefmonopol-1278549.html; abgerufen am 13.04.12

Frankfurter Allgemeine Zeitung (2007a): *Behält die Post ihr Monopol?;* online unter; http://www.faz.net/aktuell/wirtschaft/unternehmen/steinbrueck-unterstuetzt-zumwinkel-behaelt-die-post-ihr-monopol-1409792.html; abgerufen am 27.02.12

Frankfurter Allgemeine Zeitung (2007b): *Große Mehrheit für Abschaffung des Postmonopols;* online unter; http://www.faz.net/aktuell/wirtschaft/unternehmen/eu-parlament-grosse-mehrheit-fuer-abschaffung-des-briefmonopols-1463422.html; abgerufen am 27.02.12

Frankfurter Allgemeine Zeitung (2007c): *SPD will Mindestlohn für Postdienste;* online unter; http://www.faz.net/aktuell/wirtschaft/wirtschaftspolitik/grosse-koalition-spd-will-mindestlohn-fuer-postdienste-1463625.html; abgerufen am 27.02.12

Frankfurter Allgemeine Zeitung (2007d): *Mindestens 9 Euro Stundenlohn für Postboten;* online unter; http://www.faz.net/aktuell/wirtschaft/unternehmen/briefzusteller-mindestens-9-euro-stundenlohn-fuer-die-postboten-1462186.html; abgerufen am 27.02.12

Frankfurter Allgemeine Zeitung (2007e): *Einigung über den Postmindestlohn;* online unter; http://www.faz.net/aktuell/wirtschaft/unternehmen/brieftraeger-einigung-ueber-den-post-mindestlohn-1491028.html; abgerufen am 27.02.12

Frankfurter Allgemeine Zeitung (2007f): *Bundesrat beschließt Post-Mindestlohn;* online unter; http://www.faz.net/aktuell/wirtschaft/wirtschaftspolitik/weg-frei-bundesrat-beschliesst-post-mindestlohn-1489760.html; abgerufen am 27.02.12

Focus (2007): *Postler bekommen Mindestlohn;* online unter; http://www.focus.de/politik/deutschland/bundestag_aid_229371.html; abgerufen am 21.02.12

Focus - Money Online (2007): *Zumwinkel fordert Mindestlöhne;* online unter; http://m.focus.de/finanzen/boerse/aktien/post_aid_68731.html; abgerufen am 27.02.12

Franz, Wolfgang (2009): *Arbeitsmarktökonomie,* 7. Auflage Springer Verlag Heidelberg

Garloff, Alfred; Machnig, Jan (2011): *Wenig Lohn trotz Vollbeschäftigung – Niedriglohnbeschäftigung in Deutschland und Hessen – Eine Bestandsaufnahme,* Institut für Arbeitsmarkt- und Berufforschung

Gröner, Helmut; Knorr, Andreas (1995): *Marktöffnung durch Lizenzierung?,* Verlag: J.C.B. Mohr

Handelsblatt (2007): *Neuer Post-Arbeitgeberverband gegründet;* online unter; http://www.handelsblatt.com/politik/deutschland/fuer-einfuehrung-von-mindestloehnen-neuer-post-arbeitgeberverband-gegruendet/2850944.html; abgerufen am 26.02.12

Handelsblatt (2008): *Post-Mindestlohn-Verordnung rechtswidrig;* online unter; http://www.handelsblatt.com/karriere/nachrichten/urteil-post-mindestlohn-verordnung-rechtswidrig/2931354.html; abgerufen am 06.04.12

Hans Böckler Stiftung (2006): *Liberalisierung des Postmarktes in der EU;* online unter; http://www.boeckler.de/hbs_showpicture.htm?id=34113&chunk=1; abgerufen am 14.04.12

Hartwich, Oliver Marc; (2008): *Der britische Mindestlohn taugt nicht als Vorbild für Deutschland; In Capital vom 14.02.2008;* online unter; http://www.capital.de/politik/:Aussenansicht--Der-britische-Mindestlohn-taugt-nicht-als-Vorbild-fuer-Deutschland/100009722.html abgerufen am 06.03.12

Heitzler, Sven (2009): *Konsequent liberalisieren – Die effiziente Post ist machbar,* Wochenbericht des DIW Berlin, Nr. 34/2009

Hemmer, Dagmar, Pöchhacker Paul (2003): *Privatisierung und Liberalisierung öffentlicher Dienstleistungen in der EU-15: Postdienste;* Wien

ITA Consulting und WIK Consult; (2009): *The Evolution of the European Postal Market since 1999*

Inderst Roman; Haucap, Justus (2007); *Der Post Skandal – Warum das Kartellamt Mindestlöhne verhindern sollte; Handelsblatt vom 06.11.2007*, online unter; http://www.handelsblatt.com/politik/oekonomie/nachrichten/warum-das-kartellamt-mindestloehne-verhindern-sollte-der-post-skandal/2882726.html; abgerufen am 01.03.12

Input-Consulting; (2006): *Liberalisierung und Prekarisierung – Beschäftigungsbedingungen bei den neuen Briefdienstleistern in Deutschland*, Stuttgart

Input-Consulting; (2010): *Die Anwendung des Postmindestlohns und seine Auswirkungen auf die Löhne, Unternehmen, Wettbewerb und Arbeitsplätze in der Briefbranche;* Stuttgart

Kalina, Torsten; Weinknopf, Claudia (2006); *Mindestens sechs Millionen Niedriglohnbeschäftigte in Deutschland: Welche Rolle spielen Teilzeitbeschäftigung und Minijobs?* IAT – Report 3/2006

Kalina, Torsten; Weinknopf, Claudia (2008); *Weitere Zunahme der Niedriglohnbeschäftigung: 2006 bereits rund 6,5 Millionen Menschen betroffen*; IAT – Report 1/2008

Kalina, Torsten; Voss-Dahm, Dorothea (2006); *Mehr Minijobs = mehr Bewegung auf dem Arbeitsmarkt? Fluktuation der Arbeitskräfte und Beschäftigungsstruktur in vier Dienstleistungsbranchen*, IAT – Report 7/2005

Klammer, Ute; Leiber, Simone (2006): *Atypische Beschäftigung und soziale Sicherung*; WSI-Mitteilungen 5/2006

Keller, Berndt; Seifert, Hartmut (2006): *Atypische Beschäftigungsverhältnisse:*

Flexibilität, soziale Sicherheit und Prekarität; WSI-Mitteilungen 5/2006

Klammer, Ute; Leiber, Simone (2006): *Atypische Beschäftigung und soziale Sicherung*; WSI-Mitteilungen 5/2006

Klump, Rainer (2006): *Wirtschaftspolitik – Instrumente, Ziel und Institutionen* Pearson Studium, München

Knieps, Günter (2000): *Wettbewerbsökonomie*; 3. Auflage, Spinger-Verlag Berlin Heidelberg

König, Marion; Möller, Joachim (2008). In: *Mindestlohn: Für und Wider*; Ifo - Schnelldienst; S. 13 – 16

Literaturverzeichnis

Lowpay Commission (2012): *Historical Rates of National Minimum Wage;* online unter; http://www.lowpay.gov.uk/; abgerufen am; 05.03.2012

Leibenstein, Harvey (1966): *Allocative Effizienzy vs. „X-Effiziency",* American Economic Review 56, S. 392 – 415

Luckenbach, Helga (1994): *Grundlagen der Volkswirtschaftslehre,* Band 1, Vahlen, München

Merkur – Online (2007): *Steinbrück stellt Abschaffung des Briefmonopols 2008 in Frage;* vom 22.03.2007; online unter; http://www.merkur-online.de/nachrichten/wirtschaft/steinbrueck-stellt-abschaffung-briefmonopols-2008-frage-403710.html; abgerufen am: 05.04.12

Mechnig, Stefan Paul (2007): TNT setzt auf alternativen Brief - Tarifvertrag; vom 14.12.2007; online unter; http://www.finanzen.net/nachricht/aktien/INTERVIEW-TNT-setzt-auf-alternativen-Brief-Tarifvertrag-264761; abgerufen am: 16.03.12

Monopolkommission (2007): *Wettbewerbsentwicklung bei der Post 2007 – Monopolkampf mit allen Mitteln*; Bonn

Monopolkommission (2009): *Post 2009: Auf Wettbewerbskurs gehen*; Bonn,

Monopolkommission (2011): *Post 2011: Dem Wettbewerb Chancen eröffnen*; Bonn,

Monopolkommission (2012): *Post 2009: Aufgaben der Kommission*; online unter; http://www.monopolkommission.de/; abgerufen am: 06.04.12

Mussel, Gerhrad; Pätzold, Jürgen (2001): *Grundfragen der Wirtschaftspolitk*; Vahlen, München

Neumark, David; Wascher, William (2006): *Minimum Wages and Employment: A Review of Evidence from the new Minimum Wage Research*

Pindyck, Robert; Rubinfeld, Daniel (2009): *Mikroökonomie*; Pearson Studium, München

Postconsulting.at (2009): *Postmarktöffnung 2011 – Hintergrundinformation und Szenarien*

Özgenc, Kayhan (2007): *Staatlich verordnetes Zwangsgehalt;* in Focus vom 06.12.2007; online unter; http://www.focus.de/finanzen/news/oezgenc_oekonomie/post-mindestlohn_aid_228470.html; abgerufen am: 13.03.12

RP - Online (2007): *Zumwinkel fordert Mindestlohn für Postbranche;* online unter; http://www.rp-online.de/wirtschaft/unternehmen/zumwinkel-fordert-mindestlohn-fuer-postbranche-1.2333377; abgerufen am 27.02.12

RP - Online (2008): *Post-Konkurrenz droht Arbeitsminister mit Schadensersatzforderung;* online unter; http://www.rp-online.de/wirtschaft/unternehmen/post-konkurrenz-droht-arbeitsminister-mit-schadenersatzforderung-1.2331705; abgerufen am 02.04.12

Rasch, Benjamin (2009): *Wettbewerb durch Netzzugang,* 1. Auflage, W. Kohlhammer GmbH, Stuttgart

Raddatz, Guido; Wolf, Sascha (2003): *Irrglaube Mindestlöhne – Trügerische Hoffnung, zerstörte Beschäftigungschancen,* Stiftung Marktwirtschaft

RWI - Essen (2008): *Auswirkungen der Einführung des Postmindestlohns – Befragung von Unternehmen der Branche Briefdienstleistungen,* Rheinisch-Westfälisches Institut für Wirtschaftsforschung, Essen

Säcker, Franz – Jürgen (2007): *Soziale Schutzstandards im Postregulierungsrecht;,* Rechtsgutachten erstattet der Bundesnetzagentur für Elektrizität, Gas, Telekommunikation, Post und Eisenbahn im Januar 2007

Salop, Steven C.; Scheffman, David T. Harvey (1983): *Raising Rivals' Costs,* The American Economic Review, Vol. 73, No. 2, Papers and Proceedings of the Ninety- Fifth Annual Meeting of the American Economic Association, (May, 1983), pp. 267-271

Schmidt, Thomas (2007): *Warum der Postmindestlohn unsozial ist;* in „Die Welt" vom 29.11.2007; online unter; http://www.welt.de/wirtschaft/article1413993/Warum-der-Post-Mindestlohn-unsozial-ist.html; abgerufen am 07.04.12

Schöb, Ronnie; Weimann, Joachim (2006): *Kombilohn und Mindestlohn: Das kleine Steuerüberwälzungseinmaleins;* Wirtschaftsdienst 2006 S. 102 – 104

Schöb, Ronnie; Weimann, Joachim (2007): *Die Magdeburger Alternative – Lohnende Arbeit bezahlbar machen;* Ifo – Schnelldienst 4/2007 60. Jahrgang

Siebert, Horst (2008): *Der Mindestlohn wird viele Arbeitsplätze kosten;* online unter; http://www.ifw-kiel.de/das-ifw/organisation/siebert/siebert-pdf/faz_01_08.pdf ; abgerufen am 17.03.12

Schulten, Torsten (2007): *Die Liberalisierung des Postsektors in den Niederlanden – Ein Lehrstück;* online unter; http://www.uni-global-post.org/meldung_volltext.php?si=4f3383fd19c10&id=48145d05ab81d&akt=aktuell_archiv&view=&lang=1; abgerufen am 22.02.12

Schulten, Torsten (2012): *WSI – Mindestlohnbereicht 2012 – Schwache Mindestlohnentwicklung unter staatlicher Austeritätspolitik;* WSI Mitteilungen 2012

Sesselmeier, Werner; Blauermel, Gregor (1997): *Arbeitsmarkttheorien – Ein Überblick,* 2. Auflage, Physica-Verlag, Heidelberg

Siebe, Thomas (2006): Verlangsamung des Produktivitätsfortschritts durch Strukturwandel, Wirtschaftsdienst 2006

Spiegel (2007): *Post-Konkurrenten ziehen sich zurück;* online unter; http://www.spiegel.de/wirtschaft/0,1518,521206,00.html; abgerufen am 11.03.12

Spiegel (2008): *Bundesregierung wehrt sich gegen Mindestlohn-Stopp;* online unter; http://www.spiegel.de/wirtschaft/0,1518,597407,00.html; abgerufen am 09.04.12

Statistisches Bundesamt (2009): *Der Dienstleistungssektor – Wirtschaftsmotor in Deutschland Ausgewählter Ergebnisse von 2003 - 2008,* Wiesbaden

Süddeutsche Zeitung (2007): *Niederlande schotten ihren Postmarkt ab;* online unter; http://www.sueddeutsche.de/wirtschaft/reaktion-auf-den-mindestlohn-niederlande-schotten-ihren-postmarkt-ab-1.348325; abgerufen am 21.02.12

Weimann, Joachim (2009): *Wirtschaftspolitik,* 5. Auflage, Springer, Berlin, Heidelberg

Wein, Thomas (2009): *Auf der Speisekarte der DPAG: Rechtliche oder ökonomische Marktzutrittsschranken?,* Working Paper No. 121, Universität Lüneburg

Werthmann, Christoph (2004): *Die staatliche Regulierung des Postwesens,* Band 1, Lit Verlag Münster

WIK-Consult; (2006): *Main Developments in the Postal Sector (2004-2006),* Bad Honnef

Zawadzky, Karl; (2007): Deutsche Welle: *DPAG AG - Mit Fußfesseln in den Wettbewerb;* online unter; http://www.dw.de/dw/article/0,,2728104,00.html; abgerufen am 27.02.12